GLOSAS

(DECIMARIO)

Primera edición
Diciembre de 2024
LA CASA EDITORA
de Puerto Rico

William Pérez Vega

GLOSAS
William Pérez Vega

Tipografía
William Pérez Vega

Edición
William Pérez Vega

LA CASA EDITORA
de Puerto Rico
PO Box 1393, Río Grande, Puerto Rico 00745
Primera Edición diciembre de 2024

ISBN 9798300046224

ÍNDICE

Prólogo	7
Sobre el presente decimario	15
Yo te nombro, libertad	17
Verso a verso	35
Pablo Pueblo	47
No basta rezar	64
Un niño en la calle	71
Siempre que se hace una historia	101
Remamos, siempre remamos	114
Las casas de cartón	125
La maldición de Malinche	137
Historia de un amor	154
Cómo quisiera decirte	162
Cómo no, si eras mi todo	170
Me envolverán las sombras	179
Ruiseñor	189
Un canto de rebeldía	191
Espérame en el cielo	192
Veinte años atrás	195
Un cuento para mi niña	197
Agujeros	201
Cantar las verdades	205
Guanín	222
Alborada	225
Atardece	228
En las hamacas del viento	232
El toro y la luna	236
Porque estaba en mi bandera	239
Biografía del autor	247
Libros publicados por el autor	248

PRÓLOGO

Glosas, del poeta comerieño William Pérez Vega, no es un decimario más. Es mucho más que un decimario. Con este nuevo libro, el admirado espinelista suma otra contribución a su ya valioso y extenso tesoro versado y basta con echar una mirada a sus inspiraciones anteriores, para darnos cuenta de que estamos ante una creación continuadora. Propia de un artista maduro que ha desarrollado un estilo reconocible y auténtico, caracterizado por proponer dulces provocaciones al pensamiento y fascinantes cuestionamientos de la realidad humana. Es por eso que este libro, es consagratorio para él, porque en su contenido se siente una poesía de gran valor, nacida de una honda sensibilidad humana y de un gran compromiso social.

Este extraordinario decimario lo acerca cada vez más, a ese grupo selecto de poetas que han seleccionado la décima espinela para alcanzar un cenit admirable en la literatura puertorriqueña. De ahí, su gran importancia en este tiempo, porque su voz añade una visión contemporánea de múltiples temas sociales, culturales e identitarios que ya habían sido versados en los primeros decimarios de nuestra literatura. Aunque por un lado es cierto, que William trasciende con maestría a la estrofa de los diez versos en otras publicaciones, en esta obra acierta en la selección de la décima espinela. Digo esto,

7

porque su cuna y su entorno le permitieron vivirla desde siempre y con ella ha plasmado todos sus amores. Por eso fluye con facilidad en su estructura rimada, cabalga con dominio en sus versos octosílabos y encuentra en sus diez líneas la aliada perfecta para hacer novedosas e importantes contribuciones a este arte.

Glosas, se adentra en otro fascinante mundo donde la historia de la décima puertorriqueña exhibe huellas indelebles, me refiero al uso de las *Décimas glosadas*. Una modalidad poética que se evidencia temprano en el mundo de la literatura hispanoamericana y que luego se extiende hasta nuestras costas y nuestros días. Esta forma particular de hacer el poema, inicia con cuatro versos de una glosa, para luego realizar cuatro décimas espinelas que, a su vez concluyen cada una en los versos de la glosa citada.

Entonces, con el fin de poner en contexto el gran valor de esta obra en estos tiempos es meritorio comentar también el proceso histórico de esta modalidad. En el caso concreto de Puerto Rico, se documentan *Décimas glosadas* desde el surgimiento de los primeros periódicos isleños en la primera mitad del siglo XIX y se aprecian también en el *Álbum puertorriqueño* (1844), por lo que se confirma que fue una expresión literaria muy temprana de nuestra historiografía. Luego, este molde poético adquiere notoriedad en múltiples poemarios, cancioneros y decimarios en la voz de los primeros bardos que publicaron sus obras en la isla. Una mirada a su desarrollo nos permite apreciar que sus huellas se dividen en dos vertientes. Primero las *Décimas glosadas* nacidas de los poetas "cultos" (escritas para el papel, entiéndase el libro o el periódico) y segundo las llamadas "*Décimas largas*" (escritas para el canto) que fueron surgiendo a la par, en voz de los primeros trovadores incipientes de la isla. Estos últimos, incorporaron más tarde la glosa inicial en la última redondilla de la cuarta estrofa y de ahí adquirió posteriormente el seudónimo de "*Décima cuarenta y cuatro*", por la suma de todos los versos contenidos en el poema.

Por todo lo antes expuesto, el enfoque literario de esta publicación es una noticia refrescante que se suma a la tradición escrita de la décima puertorriqueña. Apreciar *Décimas glosadas* en la voz poética de William, (que es uno de los espinelistas de mayor trascendencia en este tiempo), es también una inyección de esperanza a un género que necesita nuevos bríos. Una valoración al contenido de estos poemas, evidencia que, aunque estas estrofas representan una minoría exclusiva en todo el cuerpo literario del libro, son composiciones únicas en su clase donde se cumple bien con la misión de la poesía, emocionar.

Inicia el poeta inspirándose en *La muerte del ruiseñor,* considerada la obra cumbre del trovador Don Luis Miranda Fernández, y a esta obra clásica de la trova borincana añade otros amores reflejándose en los versos del *Pico de Oro.* Luego, incorpora con maestría una redondilla de su autoría titulada *Canto de Rebeldía,* una expresión constante de su obra donde se aprecia una musa comprometida con la libertad de la patria como reclamo digno de los pueblos. Un poema donde refleja su compromiso de la palabra y la acción.

Por último, pero no menos importante, concluye glosando cuatro versos de la afamada canción, *Veinte años atrás* de Guillermina Aramburu, la gran cantautora cubana descubriendo en su trova nuevos caminos para exponer una impresionante reflexión sobre la existencia humana. Muestra de su honda sensibilidad poética.

De este modo proyecta su visión poética y humana con tres obras excepcionales en lo que bien puede interpretarse como un intento esperanzador de provocar un interés especial en los lectores, trovadores y poetas de Puerto Rico, para retomar la escritura de esta importante modalidad literaria. Como logro apreciable de estas obras, nace de ellas una cualidad muy favorable para este arte. Me refiero a la posible musicalización del texto, cualidad que comparte con la poesía de Don Juan Antonio Corretjer Montes, porque a las obras de Pérez Vega le entallaría bien la voz de los trovadores de la isla. Es acertado puntualizar esta cualidad de ser adaptables para el canto, porque ha sido con ella que muchos de los poetas populares han conseguido el laurel de la inmortalidad y, en las décimas de William hay fragancia musical.

Sin embargo, la mayor aportación que hace el poeta con esta obra, es *"Glosar canciones en décimas espinelas"*. Pues si bien es cierto, que las canciones glosadas fueron una ingeniosa expresión literaria que se aprecia en diversos cancioneros y madrigales de la antigua literatura hispana, retomar esta modalidad en el siglo XXI, con la ingeniosa idea de incorporar décimas espinelas materializa una novedosa contribución a un arte que evidencia más de dos siglos de expresiones literarias. Decir lo nuevo, abriendo un espacio auténtico en un arte viejo, donde se ha dicho tanto es una gran hazaña. Pero si a eso sumamos el hecho de hacerlo con un ramillete de 672 décimas de gran valor poético, entonces esta obra adquiere una dimensión de un alcance mayor. Esto surge porque en el cuerpo literario se ha logrado una ansiada cualidad, que converjan en armonía, la abundancia y la exquisitez. Es apreciable que, en una obra extensa existan poemas de diversos quilates, nacidas con múltiples matices, en distintos momentos del proceso inspiracional del poeta. Sin embargo, en el cuerpo literario de *Glosas*, hay cierta homogeneidad. Este, exhibe cualidades que permiten identificar un autor de pluma pensante, de conciencia social, de honra raíz humana y consciente de la estética literaria.

Glosas, nace de un acertado grupo de canciones populares y predilectas del cancionero de Hispanoamérica. En ellas, el autor ha identificado de forma creativa e ingeniosa el verso octosílabo como un denominador común con la décima espinela y retomando ese aspecto dimensiona a otro espacio, las posibilidades del verso libre de las canciones.

Es por eso que la lectura de esta obra cautiva desde el principio, porque cuando se descubre en ella la nueva poesía dicha, hay también cierta familiaridad con el texto previamente cantado. Este efecto lírico emociona y cautiva, y valiéndose de él, los nuevos versos conducen a ingeniosos hallazgos poéticos, llenos de originalidad. Eso es lo que hace grande esta poesía. En ella, hay tinta de un poeta que carga otras voces en él, con una propuesta que actualiza otras interpretaciones, reviviendo valores antiguos, inalcanzados en este tiempo. De ahí que se revelen y se canten nuevas verdades, nuevas propuestas al cambio social, cuestionamientos humanos y dolores colectivos planteando nuevas soluciones ante la inequidad que enfrentamos. Estos versos, se deben celebrar como un contra canto a lo viejo con nuevos reclamos de igualdad, porque esta es poesía contemporánea en sintonía con el hoy.

Reinterpretar a Martí, redescubrir a Llorens, respirar los versos de Guillermina o revivir la pluma de Corretjer, es siempre un ejercicio vivificante, porque estos autores escribieron movidos por el amor y el compromiso con sus ideales y a su poesía le sumaron la vida. De igual modo una canción de Violeta, una tonada de Alí Primera o una narración del mundo cotidiano de Blades permitirá al lector reubicar las valiosas piezas de encaje en el cuadro de nuestra propia identidad hispanoamericana. Por eso, esta poesía, exhibe elementos de vigencia que trascienden a nuestras costas, porque cantar la realidad puertorriqueña es cantar la realidad de nuestros pueblos hermanos. En *Glosas,* hay una poesía muy cultivada y pensada, enriquecida con palabra viva que señala nuevos caminos, donde es importante contemplar de forma pausada el contenido para encontrar la sustancia valiosa que contiene implícita.

Es igualmente admirable apreciar en este tesoro versado los elementos seleccionados para la obra. La fluidez de las rimas ingeniosamente seleccionadas, la coherencia de la poesía misma, la adjetivación refrescante, el uso de los verbos bien pensados y la sutileza de las figuras retóricas que se emplean, hacen de esta suma de versos una

13

lectura cautivadora. De este modo cada estrofa provoca la codiciada sed de la continuidad que buscan todos los escritores, porque esta poesía emplaza y convence. Si por una cualidad debe sentirse un poeta realizado, es por abrir la puerta de la emoción en sus lectores, y en estos versos se logra esa admirable gesta.

En fin, este libro es un valioso y extenso cancionero versado de la nueva literatura puertorriqueña, que abre un espacio por sus méritos, donde el poeta logra elevar el arte de los diez versos a su máxima expresión con la glosa.

Los invito a disfrutar y a descubrir la grandeza de su contenido, y si en la lectura de esta obra se logra contestar, ¿por qué muchos de los versos cantados en el pasado siguen teniendo pertinencia en el presente? La misión del poeta se habrá cumplido. Es así, porque la nueva poesía se engrandece cuando la pluma se convierte en una brújula que marca la ruta cierta.

Si en un verso octosílabo fuéramos a hacerle justicia al autor de esta gema literaria, todos a coro diremos:

¡Gracias William Pérez Vega!

Por Omar Santiago Fuentes
    Trovador

SOBRE EL PRESENTE DECIMARIO

El presente decimario consiste solo de glosas. De ahí su título. En el mundo de la trova, así como en la poesía se conoce como glosa la composición decimal cuyo epígrafe es por lo general una cuarteta, es decir, una copla de cuatro versos. A partir de esa estrofa inicial se desarrollan las décimas donde cada una de las estrofas finaliza con cada uno de los versos de la misma. En la actualidad parece haber consenso en definir este tipo de composición como décima glosada. En este caso, hay algunas glosas de 44 versos. Sin embargo, la mayoría son a partir de canciones populares, de poemas de diversos autores y del propio escritor. La cantidad de estrofas va a depender de la cantidad de versos de la canción o poema que le sirve de base. Por ejemplo, el poema inicial se fundamenta en la canción "Yo te nombro, libertad" de la cantautora Violeta Parra. Dicha canción cuenta con 55 versos. Por lo tanto, la glosa o décima glosada correspondiente consiste de 55 estrofas, que suman 550 versos. Lo mismo ocurre con varias de las canciones populares que sirven de fundamento a cada glosa. La más extensa de todas es la glosa "Un niño en la calle" donde se utiliza como base la composición interpretada por Mercedes Sosa y René Pérez titulada "Canción para un niño en la calle" de la cual utilizamos la mayoría de sus líneas. Muchas de sus líneas por ser extensas, las dividimos en dos. Es por eso que consiste de 89 estrofas, que suman 890 versos.

Las otras canciones o poemas utilizados son los siguientes: "Verso a verso" de Antonio Machado adaptada por Serrat, "Pablo Pueblo" de Rubén Blades, "No basta rezar" y "Las casas de cartón" de Alí Primera, "Canción del elegido" de Silvio Rodríguez, "Remamos" y "Confieso" de Kany García, "La maldición de Malinche" de Gabino Palomares, "Historia de un amor" de Carlos Eleta Almarán, "Cómo quisiera decirte" de Orlando Salinas, "Sombras" de Rosario Sansores, "La muerte del ruiseñor" de Luis Miranda (del cual se utiliza una cuarteta), "Espérame en el cielo" de Francisco López Vidal y de la cual se utilizan 6 versos, "Veinte años atrás" de Guillermina de Aramburu y de la cual se utilizan 4 versos, "El toro y la luna" de Carlos Castellanos de la cual se utilizan 8 versos, "Alborada" de Luis Lloréns Torres, "Las cuarenta" de Francisco Gorrindo, el poema "Guanín" de Juan Antonio Corretjer y el poema "La niña de Guatemala" de José Martí del cual se utilizan 12 versos. Las demás décimas glosadas se escriben a partir de poemas del propio autor.

William Pérez Vega

YO TE NOMBRO, LIBERTAD
(Canción de Violeta Parra)

Te nombro cuando respiro
el aire de la mañana
y el paisaje se desgrana
en el fondo de un suspiro
cuando en el verso me inspiro
y en el grito levantado
cuando el ala no ha volado
porque el metal no la deja
y su canto es una queja
por el pájaro enjaulado.

Te nombro en cualquier lugar
donde haya un perseguido
en las letras del olvido
que debemos recordar
por la ruta al caminar
en la calle y dondequiera
en el soplo de la era
que transcurre indiferente
en el dolor que se siente
por el pez en la pecera.

Por el grito del taller
de mi pueblo cotidiano
que se levanta en la mano
del hombre y de la mujer
cuando en su diario quehacer
resumen el embeleso
de los labios que en un rezo
ruegan por la redención

y elevan una oración
por mi amigo, que está preso.

Porque el hambre es una herida
que sangra en la humanidad
y la miseria es verdad
que entre mi pueblo se anida
en la lucha por la vida
sin esperar recompensa
por tanta gente indefensa
que por la ruta desanda
y la injusticia se agranda
porque ha dicho lo que piensa.

Por el patio desolado
donde arrancaron las flores
como expropian los sudores
de tanto crucificado
ante el miedo agazapado
de la mujer silenciada
por su brillo en la mirada
de aquel que lucha y resiste
aunque el jardín esté triste
por las flores arrancadas

Yo brindo por la querella
que se carga en la consigna
cuando la gente se indigna
de mi tierra esclava y bella
esa que deja su huella
en mi aldea desolada
y busca en la madrugada
que a pesar de su desvelo

ha de rescatar el suelo
por la hierba pisoteada

Por la silueta que el monte
dibuja al atardecer
cuando la niebla al caer
nos oculta el horizonte
y se extravía el sinsonte
por los bosques ultrajados
que diezmaron los soldados
del déspota y su maldad
yo te grito, libertad
por los árboles podados

Por aquella noche oscura
que arrestaron a mi madre
y golpearon a mi padre
sin piedad y sin mesura
todavía el recuerdo apura
cuando en los ojos mojados
caímos arrodillados
en un ruego por la suerte
la vida es olor a muerte
por los cuerpos torturados.

En los ojos del asombro
por la intemperie del frío
que la mirada es un río
donde cada día les nombro
cuando su recuerdo alfombro
por la calle soledad
porque busco de verdad
el lugar de la utopía

y por eso cada día
yo te nombro, libertad

Por esa rabia irredenta
ante cualquier injusticia
donde matan la caricia
y el pecho se nos revienta
cuando en medio de la afrenta
del déspota y sus soldados
tenemos que estar callados
en lo que el pueblo conspira
para organizar la ira
por los dientes apretados

Hay que la ira enhebrar
en el paño de la historia
mientras soñamos la gloria
que habremos de conquistar
y aprender a caminar
mano a mano por la vida
aprender que en cada herida
hay un átomo de luz
y un día soltar la cruz
por la rabia contenida

Aprender cada emoción
con que la marcha te asombra
caminar sobre la sombra
y conquistar la razón
poner en el corazón
la consigna que se canta
cuando la gente levanta
desde cada desamparo

y se enciende cada faro
por el nudo en la garganta

Te nombro en cada sudario
de los siglos del despojo
cuando se troca el enojo
por el grito necesario
para hacer mi abecedario
por los pobres que se espantan
cuando la miseria aguantan
o les sangra alguna herida
y hacer un himno a la vida
por las bocas que no cantan.

Porque a veces la razón
nos manda a callar el alma
como se dobla la palma
y resiste el ventarrón
o se calla el corazón
en lo que aclara el camino
o nos emociona el trino
del pájaro que amanece
o algún amor reverdece
por el beso clandestino

Te nombro en la soledad
y junto a la muchedumbre
cuando la pupila es lumbre
en busca de la verdad
al recorrer la ciudad
con un poema guardado
cuando el lápiz se ha callado
en lo que pasa la sombra

pero te respira y nombra
por el verso censurado.

Cuando nos quitan la tierra
o nos matan la utopía
y es dueña la oligarquía
que nos obliga a la guerra
cuando la miseria aterra
y a otro lugar desterrado
hay que marchar angustiado
dejando atrás tanto sueño
te nombro con más empeño
por el joven exilado.

Cuando tienes que esconder
a tus héroes y heroínas
o cansado te reclinas
lejos del amanecer
cuando en el diario quehacer
nos obligan al olvido
de aquellos seres que han sido
la fuerza de tanto andar
te volveré a pronunciar
por los nombres prohibidos

Te nombro en el universo
que se viste de infinito
en cada muro y escrito
donde se dibuja un verso
cuando en la carrera inmerso
de locos por la ciudad
pronunciamos la verdad
que en la lucha se desglosa

y en la consigna amorosa
yo te nombro, Libertad

En nombre del carpintero,
del sembrador o maestra,
que hacen de la tierra nuestra
la obra de cada obrero
de la artista, el alfarero
de quien cruza los recodos
que siempre y de todos modos
es resumen del sudor
de un pueblo trabajador
te nombro en nombre de todos.

Eres el abecedario
para escribir la justicia
y la palabra caricia
que aroma cada incensario
en la utopía que a diario
es consigna y pebetero
te nombro en cada sendero
que se hace al caminar
y te vuelvo a pronunciar
por tu nombre verdadero.

Cada momento del día
o de la noche que espera
para encender cada hoguera
que alumbra la tierra mía
cada instante de alegría
en la multitud que crece
te digo cuando amanece
en las vueltas de la plaza

en el rincón de la casa
te nombro y cuando oscurece.

Cuando somos escondrijo
para decir rebeldía
y mi hermano es osadía
para besar a su hijo
cuando el hambre es crucifijo
y la conciencia es la fe
cuando grito volveré
a decir conspiración
allá en el mismo rincón
y cuando nadie me ve

En la página que dice
allá en la universidad
lo que es la felicidad
y la victoria predice
o el amor se normalice
cuando cambio de pronombre
cuando persiguen a un hombre
porque es huella en el camino
te pronuncio clandestino
y siempre escribo tu nombre

Cuando somos desnudez
por culpa de algún canalla
y hay que repetir metralla
por la justicia otra vez
cuando el rico es parte y juez
y la ley ya no es verdad
cuando digo humanidad
cuando un sueño se destruye

tu nombre siempre construye
paredes de mi ciudad

Por el niño que retoza
sus pasos en la campiña
por el sueño de la niña
que mira el alba gozosa
cuando todo se alboroza
al decir algún te quiero
cuando el amor es primero
y de corazón se canta
ese himno que levanta
es tu nombre verdadero

Cuando al traspasar la oscura
piel de la intemperie fría
el hijo regresa un día
y una madre te murmura
o ataviada de ternura
de besos el alma alfombre
porque es justo que se asombre
cuando lo creyó perdido
y salta sobre el olvido
por tu nombre y otros nombres

Cuando recorro la aldea
donde el miedo ya es costumbre
y tras la puerta una lumbre
tiembla su llama y ondea
porque la sombra recrea
la estampa del opresor
y mi hermano apresa por
andar vestido de cantos

y con él caminan tantos
que no nombro por temor

Unos labios te murmuran
por las hendijas de un llanto
y el murmullo se hace canto
mientras el rosario apuran
las tinieblas se saturan
de la muerte en estampida
que por la ciudad herida
recorre las callejuelas
y en cada murmullo vuelas
por la idea perseguida

Cuando cierran la lección
y nos quitan el taller
o nos duele recorrer
las rutas de la opresión
cuando llora el corazón
por los instantes vividos
donde hay tantos olvidos
que nos duele recordar
y entonces hay que gritar
por los golpes recibidos

Por la invisibilizada
que es obligada a callar
en lo que aprende a gritar
o a romper la madrugada
con la tea levantada
que por la mirada triste
en algún lugar existe
cuando sufre el atropello

tu nombre es alba y destello
por aquel que no resiste

Eres hilo que serpea
y entreteje cada ruta
para cubrir cada gruta
en los miedos de la aldea
eres disparo que arquea
la flecha con que responden
cuando por más que se ahonden
los azares de una herida
eres un canto a la vida
por aquellos que se esconden

Eres el giro en la voz
cada vez que necesito
que la metralla sea grito
en la consigna precoz
eres el rayo veloz
cuando los gendarmes vienen
y ante el pueblo se detienen
cuando se hace muchedumbre
y tu nombre es flecha y lumbre
por el miedo que te tienen

Eres letra agazapada
en lo que pasa el peligro
y en la palabra transmigro
la canción de la alborada
que por la calle tomada
cuando en la marcha desfilan
en mil banderas oscilan
tantos labios que te nombran

las mil pupilas se asombran
por tus pasos que vigilan

Si de algo estoy seguro
es que un día la arboleda
sombreará nuestra vereda
para llegar al futuro
por eso es que te procuro
por la culpa que te achacan
y de las leyes te sacan
los amos de lo perverso
y siempre estás en mi verso
por la forma en que te atacan

Eres el arma de guerra
de quien ama la justicia
y sueña con la caricia
por los pobres de la tierra
esa que al tirano aterra
cuando al viento se desatan
las cadenas que nos atan
en contra de la verdad
yo te nombro libertad
por los hijos que te matan

Te digo en la cara hermosa
de la niña campesina
cuando cada vez camina
entre la espina y la rosa
en el ansia fervorosa
que ante cada adversidad
decimos felicidad
porque es un derecho humano

letra a letra, mano a mano
yo te nombro libertad

Por los siglos del despojo
por esta patria irredenta
por cada insulto y afrenta
porque hay tanto desalojo
por el disparo en el ojo
por la sangre y las heridas
por las vallas erigidas
por el hambre y el sudor
por que está herido el amor
por las tierras invadidas

Por la vida del planeta
por que no te quiero estatua
por la burguesía infatua
por la misión incompleta
por la agobiada silueta
por los suelos arrasados
por los bosques tan quemados
por ese cruel bombardeo
por la injusticia que veo
por los pueblos conquistados

Te veo en cada mirada
que se torna en manantial
ante un mundo desigual
en cada gente abusada
en la mujer apenada
por el hijo y su partida
y la pena que allí anida
cuando lo desaparecen

cuando no hay labios que recen
por la gente sometida

Te miro en cada lección
que nos negaron un día
en la palabra poesía
que escribo en cada ocasión
te busco en la sinrazón
de los huertos arrancados
por los niños enjaulados
que cruzaron la frontera
por la angustia de la espera
por los hombres explotados

Por aquella Inquisición
que impuso el oscurantismo
y está presente ahora mismo
cuando falta la razón
se vale de la ocasión
aunque la justicia muera
para dejar siempre afuera
la humana diversidad
yo te quiero libertad
por los muertos en la hoguera.

Por la niña que en los ojos
es rocío y aguacero
por el niño pregonero
que nos vende sus despojos
por el hombre que de hinojos
lo tienen crucificado
por aquel que secuestrado
es objeto de tortura

y en aquella celda oscura
por el justo ajusticiado

Por aquel en cuyo ejemplo
como antorcha a flor de lumbre
se convierte en muchedumbre
y su palabra es un templo
en un verso lo contemplo
y siempre lo he recitado
porque la vida ha entregado
en pos de la humanidad
yo te nombro libertad
por el héroe asesinado

A veces alguna queja
en reclamo se convierte
y si no es consigna fuerte
el tiempo la pone añeja
entonces tras una reja
la han de poner los soldados
como si fueran pecados
los gritos del sufrimiento
y digo tu nombre al viento
por los fuegos apagados

Te extraño en cada lugar
donde hay pobreza y carencia
y la maldad es presencia
que no permite avanzar
o el espacio para amar
enfrenta la adversidad
cuando la necesidad
se convierte en mercancía

en despojo y plusvalía
yo te nombro libertad

Te busco en el diccionario
de cada página escrita
donde cada angustia habita
de mi pueblo proletario
pues tu nombre es necesario
en mil vertientes y modos
en las voces y acomodos
donde habite un ser viviente
como abundante simiente
te nombro en nombre de todos

Te susurro en cada aldea
allá en la noche dormida
para aliviar cada herida
que en la sombra nos golpea
te pronuncio en cada tea
con que se alumbra el sendero
en el paso que acelero
cada día al caminar
y siempre en cada lugar
por tu nombre verdadero

Cuando la mano se alarga
en aquel paisaje urbano
que se hace cotidiano
en la medicina amarga
en tanto peso que carga
la angustia que a diario crece
en la gente que envejece
sin que el futuro sonría

cuando muere la alegría
te nombro y cuando oscurece

Cuando matan la verdad
o asesinan el cariño
y en la calle vaga un niño
que muere de soledad
y oscurece la ciudad
cuando se pierde la fe
o se llena el rostro de
los mares de un desencanto
te nombro en medio del llanto
y cuando nadie me ve

En el rincón de una pena
cuando azota el temporal
en la brecha desigual
que borra a la gente buena
cuando el camino se llena
de los prejuicios del hombre
y la angustia es el pronombre
que sustituye el abismo
en el fondo de mí mismo
también escribo tu nombre

Si el verso explora otra ruta
en busca de una palabra
o febril la mente labra
los lindes que nadie escruta
si logro pasar la gruta
que encarcela la verdad
si cruzo la tempestad
en busca del parabién

escribo tu nombre en cien
paredes de mi ciudad

Puedes llamarte Graciela
Ana, Javier o María,
Lola, Julián, Rosalía
Jacinto, Arcadio, Marcela,
Eva, Solimar, Estela,
Eduardo, Carlos, Antero
Adriana, Rafael, Falero
cualquier nombre de costumbre
porque al decir muchedumbre
es tu nombre verdadero

Vas en la gente que avanza
como impetuoso torrente
y sabe marchar de frente
en busca de otra esperanza
eres meta que se alcanza
sin adornos y pronombres
cuando mujeres y hombres
van vestidos de osadía
y repiten rebeldía
en tu nombre y otros nombres

Eres órbita y esfera
vestida de inmensidad
donde la diversidad
habita como debiera
eres la consigna fiera
del sacrificio y valor
a veces espina y flor
aunque la rima me obliga

a exigir que nadie diga
"que no nombro por temor"

Por el sueño del futuro
cuando en la plaza celebra
la consigna que se enhebra
en tu ideal alto y puro
cuando el pueblo esté seguro
de vencer la adversidad
y no haya necesidad
y la miseria no exista
en nombre de esa conquista
yo te nombro Libertad

VERSO A VERSO
    (Poema de Antonio Machado
    adaptado por Juan M Serrat)

Pasa el aire por la rama
que tiembla ante su caricia
y su mano con delicia
peina de verde la grama
sin agenda ni programa
hay pasos en la vereda
la brisa se desenreda
en el suspiro del viento
sin prisa ni desaliento
todo pasa y todo queda.

El amor es un tatuaje
allá en los huesos del alma
y en la caricia que calma
las huellas de un largo viaje
es corolario y bagaje
la sílaba de un cantar
la utopía al caminar
las vueltas de una vereda
que en algún lugar se queda
pero lo nuestro es pasar

Cuando vas por la maleza
la vida sobre los hombros
con tu mochila de asombros
y tal vez una tristeza
al punto la ruta empieza
a formar cien remolinos
a entrecruzar los destinos
en las vueltas del azar
entonces hay que pasar
pasar haciendo caminos

Como dijo aquel poeta
"en la vida todo es ir"
aprendí que hay que seguir
aun sin conocer la meta
si el infortunio nos reta
o nos premia algún azar
pero siempre hay que avanzar
con la utopía en la mano
dejando en el oceano
caminos sobre la mar.

Tantas rutas lleva el viento
y una sola mi bandera
aunque por la carretera
aceche algún desaliento
solo digo lo que siento
porque así se hace la historia
al trazar la trayectoria
con un verso y un cantar
pero en ese transitar
nunca perseguí la gloria

A veces un espejismo
se disfraza de verdad
y es tan solo oscuridad
con que se engaña uno mismo
o nos empuja al abismo
con su falsa ejecutoria
que es pasajera, ilusoria
pues esa falsa lección
no quise en el corazón
ni dejar en la memoria

A veces el vano empeño
pasa con mil tentaciones
pero siempre hay más lecciones
cuando se quiere algún sueño
cuando el ideal risueño
se afirma de corazón
y se convierte en razón
que el tiempo jamás olvida
así se queda en la vida
de los hombres mi canción

No me gusta la mentira
ni la oscura falsedad
que tras la perversidad
del poderoso respira
el planeta siempre gira
a pesar de los serviles
en las órbitas gentiles
que nos traza el universo
y en cada poema y verso
yo amo los mundos sutiles

Flota en el aire la esencia
del ideal que persigo
y es comida, pan y abrigo
con dignidad y decencia
es afirmar su presencia
al alcance de los miles
que en sus consignas febriles
reparten formas de amor
como el perfume la flor
ingrávidos y gentiles

Es efímero el placer
que a veces nos da la fama
la riqueza que se ama
sobre el humano quehacer
eso a veces suele ser
un segundo de pasión
la pasajera ilusión
o el hechizo de un encanto
que explotan ante el quebranto
como pompas de jabón

Por eso prefiero el brillo
que se guarda tras la nube
el pitirre cuando sube
sobre el pétalo sencillo
el tibio sol amarillo
que se siente al abrazarse
o el llanto que hay al quebrarse
en los ojos del amor
cuando al abrirse una flor
me gusta verlos pintarse

Vi el rostro de la inocencia
cuando su cometa al viento
y también el sentimiento
que anima la resistencia
ambos componen la esencia
que nos anima a luchar
y la estrella a levantar
más allá de la utopía
pintados de rebeldía,
de sol y grana volar

Cuando una bandera sola
rompe el silencio en su grito
en la historia queda escrito
la utopía que enarbola
la multitud se hace ola
que al tirano ha de arrasar
por eso cuando al sonar
es consigna y es metralla
se ve al opresor canalla
bajo el cielo azul temblar

Las cúpulas del poder
con sabor a oligarquía
temen a la rebeldía
que nace en cada taller
y se empieza a descorrer
la noche al resquebrajarse
ya veremos quebrantarse
su catecismo y cuaderno
y a derrumbar su gobierno
súbitamente y quebrarse

Pues lo que hace el sendero
son los pasos con que vamos
cuando la selva cruzamos
venciendo al destino fiero
cuando el afán es sincero
aunque falten las estrellas
y aparezcan mil centellas
si sabemos avanzar
lo que queda al caminar
caminante son tus huellas

Son huellas que por la vida
se nos marcan en la piel
porque el destino es pincel
que nos dibuja su herida
memoria que no se olvida
tatuaje que contumaz
es la evidencia veraz
que se nos marca en la frente
y nos sirve de aliciente
el camino y nada más

No es fácil seguir el paso
cuando al cruzar la maleza
se nos rompe la belleza
o nos sorprende el ocaso
cuando el placer es escaso
o el azar se hace mezquino
sin temor al desatino
hay que seguir adelante
sin dudarlo ni un instante
caminante, no hay camino

Se disfraza de gigante
en la ruta algún molino
como creyó el cervantino
del Quijote galopante
como caballero andante
hay que saber avanzar
hacia el brillo caminar
que hay detrás del horizonte
y aunque el azar nos confronte
se hace camino al andar

Del Quijote y su estandarte
hay que tomar la lección
derrotar la sinrazón
que a veces es juez y parte
hacer de la lucha un arte
que nos ilustre el destino
para borrar el mezquino
afán de perversidad
y aprender que en realidad
al andar se hace camino

Se aprende del universo
y de la flor más sencilla
de aquella esfera que brilla
en el espacio disperso
del componente diverso
que hay en todo y mucho más
se aprende de los demás
en el libro de la calle
también de cada detalle
y al volver la vista atrás

Tantas veces de improviso
se complica la existencia
o el sabor de la inclemencia
nos ataca sin permiso
se derrumba el paraíso
que en la maleza se enjunca
de alguna esperanza trunca
por las vueltas que da el mundo
y en el espacio profundo
se ve la senda que nunca

Así como el mar su estela
cierra en la espuma que flota
y en la llama más remota
la claridad se revela
la luna en las olas riela
por la inmensidad del mar
o el tiempo vuelve a cerrar
los caminos que se han hecho
sé que nunca el mismo trecho
se ha de volver a pisar

Se avanza en una espiral
hacia planos superiores
y se afinan los colores
del átomo universal
el sendero es desigual
y se aprende a hilar del fino
porque en cosas del destino
cada cual es diferente
en la vida no hay detente
caminante no hay camino

Es inmenso el oceano
y una botella es mensaje
que se mece en el oleaje
ya lejos de cualquier mano
la huella está en otro plano
que es el papel que al llegar
alguien habrá de tomar
y pronunciar con aliento
no queda huella en el viento
sino estelas en la mar

El lugar la arena ignora
en donde se originó
la mano que lo escribió,
el minuto ni la hora
el ansia de donde aflora
el grito antes de viajar
solo puede imaginar
que del pecho donde vino
allí comenzó el camino
ha tiempo en ese lugar

A veces arde el calor
en la piel de un largo viaje
otras veces viste el traje
del frío desolador
al silencio atronador
el alba viste en sus trinos
hay paisajes cristalinos
que al rato la noche esconde
y ayer fue desierto donde
los bosques visten de espinos

Vive la contradicción
en los espacios del mundo
y es cada vez más profundo
este abismo de opresión
llega hondo al corazón
este ansia de cantar
por la patria que es altar
ante el cual todo se da
por eso se escucha la
voz de un poeta gritar

Hay rima en la gran verdad
desde la microenergía
hasta la infinita orgía
que vibra en la inmensidad
en la insondabilidad
del confín del universo
desde el anverso al reverso
donde giran las esferas
desde aquí a todas las eras
golpe a golpe, verso a verso

Así caminó un poeta
las rutas del universo
en cada palabra inmerso
y en cada verso una meta
bajo el brazo la libreta
su verso fue caminar
y cuando quiso pintar
el regreso de un asombro
la muerte se le echó al hombro
murió lejos del hogar

Aunque a algún lugar remoto
pueda llegar en mi verso
y me lleve el universo
al paraje más ignoto
esa distancia derroto
aun en contra del destino
porque he de hallar el camino
que a este patio llegará
pues mi cuerpo no será
polvo de un país vecino

Nunca seré como aquel
que se aleja de su nido
y en los pasos del olvido
reniega de su vergel
pues la nostalgia es cartel
que nos llama a regresar
como aquel que al recordar
no le dio tiempo al cariño
y en los ojos de algún niño
lejos le vieron llorar

Cuando se pierde la estrella
que en la vida fue costumbre
y se apaga aquella lumbre
que en la oscuridad destella
no se percibe la huella
o se confunde al trinar
cuando quiere retornar
sin dar vuelta al timonel
así se aprende que aquel
ave no puede cantar

Poeta es ser inventor
de la consigna en el viento
y resumir el aliento
en la copla de un cantor
el poeta es constructor
es palabra que defino
es el verso claro y fino
que se repite en la gente
es palabra que se siente
poeta es un peregrino

Pero más que una palabra
el verso es una consigna
que por la vida más digna
es magia y abracadabra
que letra a letra se labra
y nos convoca a gritar
rebeldías que al rimar
le dan sentido a la vida
porque si eso se olvida
nada nos sirve rezar.

Hay que decir rebeldía
en el poema que nace
y aunque con rima se trace
será verso libre un día
hay que escribir valentía
y con la gente avanzar
la alegría conquistar
para hacer otro universo
golpe a golpe, verso a verso
se hace camino al andar

PABLO PUEBLO
(Canción de Rubén Blades)

Por la calle del sudor
al concluir la jornada
con la silueta cansada
de humilde trabajador
de la patria un hacedor
que en el verso reverencio
al mirarlo me conciencio
que la vida es toda lucha
mas su clamor nadie escucha
regresa un hombre en silencio

Cuando aun no despertaba
dejó el beso del cariño
en la mejilla de un niño
que todavía soñaba
mientras el café apuraba

y el sol no había llegado
al salir apresurado
para el taller alcanzar
y en la tarde regresar
de su trabajo cansado

En el rostro alguna pena
en el corazón angustia
los ojos, mirada mustia
por la calle que es ajena
va por la tarde serena
de vez en cuando la brisa
le despeina la sonrisa
y le refresca el calor
por la calle del dolor
su paso no lleva prisa

A veces silba una copla
que interrumpe algún suspiro
el pensamiento da un giro
levanta el rostro y resopla
alguna palabra sopla
que del estómago avanza
y le silba a la esperanza
que a veces levanta vuelo
mientras abajo en el suelo
su sombra nunca lo alcanza

La calle a veces serpea
y se reviste el paisaje
de la niebla con su traje
donde se esconde la aldea
la calle sube y se arquea

al permitir que se adentre
y el paso lento concentre
en la ruta que se empina
sabe que en cualquier esquina
lo espera el barrio de siempre

El paisaje había llovido
y aunque la lluvia fue parca
hay un cristal en la charca
espejo de un pueblo herido
de indiferencia y olvido
allí la mirada inclina
contra el poste se reclina
de vez en cuando al pasar
donde suele conversar
con el farol en la esquina

Se asoma por un resquicio
la palabra soledad
que le grita la verdad
entre cima y precipicio
tal vez la vida es suplicio
como puñal que en el vientre
de vez en cuando se adentre
pero tiene que avanzar
y aquel tramo caminar
con la basura allá en frente

El conjunto se repite
de aquel paisaje social
la riqueza desigual
donde cada cual compite
la vellonera, el convite

la carreta que rechina
el grito de una bocina
el golpe de cada olor
la vorágine, el calor
y el ruido de la cantina

Aquello que nadie nombra
porque tantas veces duele
sin nada que nos consuele
y casi nada te asombra
el pobre sirve de alfombra
a los pies del rico impuro
donde la vida es apuro
porque hay que trabajar
sin detenerse a pensar
llega hasta el zaguán oscuro

Cada verja es una gruta
de aquel extraño confín
es abandono el hollín
que con la mirada escruta
pero hay que seguir la ruta
aunque en un tropiezo ruedes
donde el impío echa redes
que impiden reflexionar
el paso hay que continuar
y vuelve a ver las paredes

A la gente no es extraño
aquel habitual conjunto
de la sombra y el barrunto
los carteles del engaño
cada vez que llega el año

de la electoral retreta
llenan paredes completas
con la misma propaganda
el rico la bolsa agranda
con las viejas papeletas

Giran a su alrededor
cien carteles y estribillos
de hipócritas y caudillos
que le roban sin pudor
los mira el trabajador
entre pesares y apuros
sabe que en cuartos oscuros
inventan un festival
los amos del capital
que prometían futuros

Cien carteles de neón
y luces fosforecentes
van al fondo de la mente
y enredan su corazón
siembran la enajenación
de cien formas y maneras
los carteles en hileras
por el camino transitan
con sus mentiras militan
en lides politiqueras

Sonríen los candidatos
a gobernador y alcalde
con sus promesas en balde
desde un millar de retratos
promueven sus alegatos

y la mentira que estruja
con su gesto de granuja
con su sonrisa barata
que la hipocresía retrata
y en su cara se dibuja

Transcurre cada elección
cada promesa se olvida
sigue el rumbo de la vida
y vuelve la decepción
el rico escribe el guión
que la oligarquía opera
a paso lento en la acera
lleva la mirada mustia
carga la cruz de la angustia,
la decepción de la espera

Pablo, Ana, Flor, Mariana
pueblo que quieren borrar
no sabe donde llegar
cuando sus pasos desgrana
no sabe, tal vez mañana
si la esperanza desmaye
quien trabaja es un detalle
imposible de olvidar
en su eterno caminar
hijo del grito y la calle

Hijo de la circunstancia
que pasa sin darse cuenta
de que la historia se inventa
y el trabajo es la sustancia
que no importa la distancia

el pedigrí o la pelambre
como la abeja en su enjambre
una a una hace la miel
la historia será hija fiel
de la miseria y del hambre

Pablo pueblo, Pablo historia
Pablo trabajo y sudor
carpintero, agricultor
maestra, dolor y gloria
antes esclavo y naboria
por quien el siglo se llena
entre el tambor y la plena
el taller y la canción
es hijo en toda ocasión
del callejón y la pena

De sudor está hecho el pan
donde el sueño es la simiente
y un surco de sol ardiente,
sirve de abono el afán
por donde los pasos van
y la penuria se amansa
aunque a veces no se alcanza
lo que promete el desvelo
mas para alcanzar el cielo
su alimento es la esperanza

Sabe que la ruta es larga
y después del horizonte
hay otro empinado monte
donde es pesada la carga
tal vez la fruta es amarga

y se estruja la sonrisa
nos hace falta la brisa
para avanzar el sendero
más si algo sabe el obrero
su paso no lleva prisa

A veces cualquier patrón
so color de autoridad
convierte en oscuridad
la vida de algún peón
se viste con la traición
a ver si la gente amansa
en su insidia no descansa
todo lo convierte en sombra
pero aunque al obrero asombra
su sombra nunca lo alcanza

A veces el tiempo es lento
un segundo detenido
tantas veces repetido
para marcarnos su acento
somos una hoja al viento
cuya ruta el aire traza
poco a poco se desplaza
como piedra en la colina
sin quebrar esa rutina
llega al patio de la casa

Es un pedazo de sombra
cuando traspone el umbral
el pecho es un festival
cuando su amada le nombra
al lado un farol se asombra

la vida no tiene atajo
si duro ha sido el trabajo
más es madrugar mañana
y un suspiro se desgrana
pensativo y cabizbajo

Besa la misma mejilla
que dejó al amanecer
para sentarse a comer
bajo la luz amarilla
tal vez la cena sencilla
que es lo que alcanza su sobre
un trozo de pan salobre
las pupilas que se encuentran
y en el corazón se adentran
con su silencio de pobre

Las elecciones un día
la explotación cada vez
no hay libertad cuando ves
que el sudor es plusvalía
la sociedad una orgía
donde se exprime el trabajo
el derecho es un legajo
de la hipócrita diatriba
mientras disfruta el de arriba
con los gritos por abajo

Cuando al fin de la jornada
el traje huele a sudor
y es sombra el trabajador
de una silueta cansada
cuando la aldea ultrajada

se oculta en los callejones
tendido entre los cordones
de cada obrero el sudario
es un signo proletario
la ropa allá en los balcones

Es el trapo del sudor
que seca el trabajo diario
como manto necesario
de la célula un clamor
se lo roba el opresor
que en oro lo va trocando
es copla que va cantando
y cada balcón matiza
en el cordel de la brisa
el viento la va secando

A veces viste su traje
como un manto la neblina
y la jornada es colina
que se empina en el paisaje
el obrero sigue viaje
en el taller del desvelo
cada suspiro es anhelo
que resume al constructor
y la gente con temor
escucha un trueno en el cielo

Afuera gime la brisa
adentro ruge el sudor
la queja se hace clamor
que desde el pecho se atiza
y hacia el aire se desliza

su bandera levantando
es la historia que avanzando
en la senda traza el viaje
como niebla en el paisaje
tiempo de lluvia avisando

Es la trama paralela
donde transcurre la vida
que la conciencia no olvida
y ambas tienen su secuela
tal vez la utopía vuela
para provocar el parto
y un día el obrero, harto
quizás asuma el combate
así se trenza el debate
mientras que Pablo entra al cuarto

Es escenario la mente
entre la conformidad
o luchar por la verdad
para cambiar el presente
la duda se hace vigente
la historia sigue avanzando
las ideas tropezando
entre llanto y utopía
mañana será otro día
Pablo se queda mirando

Es la conciencia indecisa
que sobre un mismo escenario
ya traza el combate diario
que cada hora precisa
la pupila se desliza

entre el temor y el cariño
la vida tiene sus guiños
pero siempre es avanzar
la duda le hace mirar
a su mujer y a los niños

¿Su mujer o de la historia?
si ella también es partera
y aquel combate la espera
en la ruta hacia la gloria
en la hora transitoria
cada cual tiene su bando
la conciencia sigue andando
entre pasado y futuro
pero el momento es oscuro
y se pregunta: "¿hasta cuándo?"

Ante la pálida lumbre
se refugia en el amor
entonces otro sudor
se le sube a la costumbre
tal vez esa sea la cumbre
que después de los olvidos
haga eco en sus oídos
y hacia allá quiera correr
buscando el amanecer
toma sus sueños raídos

Se sienta en el desamparo
se arropa con la utopía
matiza de valentía
consignas contra el avaro
es la luz de un nuevo faro

que ante las pupilas danza
aunque la duda lo alcanza
toma sus sueños dormidos
y al saber que están heridos
los parcha con esperanzas

En el rito del amor
tantas veces se conspira
y profundo se respira
para así gritar mejor
pasearse sobre el dolor
que es la angustia derrotada
inventar la madrugada
con su escalera de trinos
y soñando otros caminos
hace del hambre una almohada

A veces el cuerpo reza
para llegar al descanso
y el lecho se hace remanso
para apagar la tristeza
para inventar la belleza
en el medio de la calma
con el futuro se empalma
la ruta de algo mejor
aunque sabe del dolor
y se acuesta triste de alma

El sueño es una arboleda
que en el campo del desvelo
es la simiente en el suelo
y el ansia es una vereda
el sueño es lo que nos queda

y habita en cada detalle
aunque en la locura raye
se duerme para habitar
lo que Pablo ha de alcanzar
hijo del grito y la calle

Soñamos el escenario
por donde habita el futuro
y aunque el presente es oscuro
conspirar es necesario
cada sueño es relicario
que a veces tiene raigambre
como en la flor cada estambre
ayuda a polinizar
el fruto que ha de librar
de la miseria y del hambre

Así está el pueblo que yace
en la honda indiferencia
y a veces pierde la esencia
pues la utopía deshace
pero el soñar siempre hace
marchar el reloj de arena
si la riqueza es ajena
soñamos al conspirar
y algún día levantar
del callejón y la pena

No solo del pan se vive
es importante la idea
cuando conspira en la aldea
y en la consigna se escribe
en la bandera que exhibe

el vaivén que al aire danza
el paso que no se cansa
del pueblo trabajador
si hay sacrificio y valor
su alimento es la esperanza

Pablo repasa el camino
un latido que levanta
y con un suspiro espanta
el inquieto torbellino
así pregunta al destino
por las vueltas de la brisa
que a veces no es tan precisa
cuando hay que tropezar
por eso es que al caminar
su paso no lleva prisa

Una silueta desnuda
perseguida por su sombra
su paso a nadie le asombra
cuando el trabajo reanuda
está al borde de la duda
mas vive de su labranza
la protesta es una danza
para que al soltar la cruz
se encienda un rayo de luz
su sombra nunca lo alcanza

El tiempo a veces transcurre
entre la sombra y la queja
y es todo una moraleja
que entre los pasos se escurre
si no gritas, nada ocurre

la idea es voz que se esparce
uno a uno hasta sumarse
en la lucha que mitiga
y que al final no se diga
"trabajó hasta jubilarse"

Si algo debe cambiar
aunque claro no lo tenga
tal vez el rico y su arenga
la forma de trabajar
si separados estar
o se junte el pueblo bravo
que no quiera ser esclavo
y no haya que repetir
que trabajó hasta morir
"y nunca sobraron chavo'"

Que un día digamos fiesta
y el derecho a la alegría
hay que andar en cada día
lo que del camino resta
y que tan heroica gesta
se construya mano a mano
en ese andar cotidiano
que como pueblo se asuma
y una frase nos resuma
Pablo Pueblo, Pablo hermano

Los amos del capital
son buitres de la opresión
y siembran la confusión
con su eterno festival
mientras la brecha abismal

se amplía sin más razones
que robarse los millones
fruto de nuestro trabajo
y nos mantienen abajo
votando en las elecciones

Pablo es obrero y sudor
hombre, mujer de este suelo
ala y pitirre en su vuelo
ante algún depredador
cada día trabajador
es hijo de un pueblo bravo
que ha vivido chavo a chavo
en su largo caminar
cansado de trabajar
pa' después comerse un clavo

Es paso que al caminar
va construyendo caminos
y en su escalera de trinos
hace pueblo al avanzar
voz que aprende a deletrear
el grito con que desgrano
verso a verso, mano a mano
hasta que sea costumbre
decir Pablo muchedumbre
Pablo Pueblo, Pablo hermano.

NO BASTA REZAR
(Canción de Alí Primera)

Cuando la calle nos duele
en la intemperie del frío
o desnudo en el rocío
la tristeza te interpele
si la piel del hueso muele
las palabras al hablar
si está cerrado el altar
porque es el séptimo día
y aun el dios descansaría
no no, no basta rezar

Cuando la noche se acuesta
sobre algún vientre vacío
y el humilde caserío
lleva rota su respuesta
si es empinada la cuesta
y hay más espinas que rosas
si hay camándulas dolosas
que te hieren al pasar
en ese mismo lugar
hacen falta muchas cosas

Falta ese cambio profundo
donde todos tengan trigo
libertad, panes y abrigo
agua en el suelo fecundo
que en cada lugar del mundo
para el pobre sea veraz
que haya cobijo y solaz
lugar para la caricia

hace falta la justicia
para conseguir la paz

Cuando el mendrugo no alcanza
para las bocas del hambre
y la injusticia es alambre
que ahoga cada esperanza
y si llega es con tardanza
algún buche de café
casi en silencio se ve
que los pobres un rosario
rezan ante ese calvario
y rezan de buena fe

Rezan tal vez por lograr
alguna esperanza mustia
y en el medio de la angustia
la tristeza disipar
no cuesta nada soñar
lo que niega la razón
se resume en su oración
lo que cada día es un hecho
para sacarlo del pecho
y rezan de corazón

Mientras tanto en un palacio
oran desde la realeza
para aumentar la riqueza
y adueñarse del espacio
marcan en su cartapacio
sobre algún lugar remoto
la fecha de un pueblo roto
al alcance de un botón

duerme el pueblo en su oración
mas también reza el piloto

Ora el rico a su riqueza
que saca de cada oficio
y condena al precipicio
a quien vive en la pobreza
es su única destreza
vivir de la explotación
su rosario es opresión
sobre cada continente
y más nunca se arrepiente
cuando monta en el avión

Entre las huestes malvadas
de la cúpula buitre
como el medieval reitre
van de tiniebla forradas
el gobierno y sus armadas
mil bombas para lanzar
y cuando van a apretar
aquel botón de la muerte
oran a dios por su suerte
para ir a bombardear

Hoy hacen de Palestina
un cementerio existente
y escombros de tanta gente
por designación divina
ese polvo que calcina
en las tierras del islam
como antes el tío Sam
envueltos en oraciones

enfilaba mil cañones
a los niños del Vietnam

Si la sombra del abismo
hoy pinta sobre el planeta
de la muerte su silueta
el rezo será espejismo
hay que gritar ahora mismo
cuando es el supremo instante
porque la vida es constante
y al futuro ha de avanzar
no todo será rezar
cuando el pueblo se levante

Un día, cada garganta
hará del grito su rezo
y sobre cada tropiezo
será un himno que levanta
donde la justicia canta
en cada hecho al andar
cuando haga al caminar
de lo justo su costumbre
su oración de muchedumbre
y que todo haga cambiar

Con el mismo abecedario
será escrita la justicia
que la palabra caricia
o aquel grito necesario
será nuestro el incensario
que en cada verso predigo
será nuestro el pan y abrigo
al escribir esa historia

y la palabra victoria
ustedes dirán conmigo

Mientras se vista el ocaso
con la palabra penuria
el rezo será una injuria
subterfugio del fracaso
mientras el pan sea escaso
porque el buitre voraz
dice en su oración mendaz
que el pobre solo es migaja
por mantener su ventaja
en el mundo no habrá paz

Cada mano que trabaja
su cotidiana proeza
es más que el labio que reza
o indiferencia que ultraja
cuando la opresión ataja
de lo justo la razón
mientras vacío el tazón
llegue del pobre a su boca
la justicia se trastoca
mientras haya explotación

Nos pesa la tonelada
en los siglos del despojo
y a cada paso el abrojo
hinca el sueño de la almohada
salir cada madrugada
como una cifra sin nombre
o si acaso eres pronombre
cuya sílaba está hecha

de la maldad que te acecha
y del hombre por el hombre

Mientras la tarde es gaviota
que suda el atardecer
y cada día volver
al sudor de un ala rota
que se exprime gota a gota
donde el pobre es la otredad
no ha de haber felicidad
mientras el duro mendrugo
esté en manos del verdugo
y exista desigualdad

A veces una migaja
se viste de caridad
y esconde la realidad
que la miseria amortaja
si la hipocresía ultraja
lo que no quieres mirar
si el rezo es solo un ajuar
que usa la indiferencia
sin justicia y sin conciencia
nada se puede lograr

Cuando se pasa de largo
ante el rostro de la angustia
el rezo es palabra mustia
si se hace por encargo
si persevera el letargo
y lo justo no es opción
si nadie la explotación
enfrenta con valentía

nunca verás la utopía
si no hay revolución

Reza el colonizador
por mantener la colonia
y aquel cuya ceremonia
santifica al opresor
reza aquel gobernador
que ignora el justo reclamo
quien tras el último tramo
niega al héroe la clemencia
quien engaña a la inocencia
reza el rico, reza el amo

Reza aquella oligarquía
por mantener su ventaja
pero al pueblo que trabaja
le niega cada utopía
aquel que decide el día
cuando será la invasión
reza el que aprieta el botón
al disparar la metralla
reza el patrono canalla
y maltratan al peón

Nos enseña la experiencia
para llegar al destino
que hay que alumbrar el camino
con la luz de la conciencia
que la justicia es esencia
aunque sea duro avanzar
que si se quiere llegar
al lugar del paraíso

hacer lo justo es preciso
y no, no basta rezar

UN NIÑO EN LA CALLE

(Sobre la "Canción para un niño en la calle"
de René Pérez y Mercedes Sosa)

El desamparo reseña
la cruz de alguna ciudad
que viste de soledad
una silueta pequeña
la brisa fría desgreña
sus cabellos en la frente
lleva un brillo diferente
en los ojitos de asombro
y un trapo sucio en el hombro
a esta hora exactamente

Dos luceros han caído
al fondo de su mirada
y la miseria callada
quizá prefiera el olvido
de necesidad vestido
como si fuera un detalle
que la miseria se halle
al lado de la opulencia
hoy nos duele su inocencia
cuando hay un niño en la calle

Niñez que a veces camina
sin senda ni rumbo fijo
atada en el crucifijo
del capital que asesina
cuando a los pueblos destina
que el abismo se los trague
si no quieres que se apague
la llama de la esperanza
hay que invertir la balanza
para evitar que naufrague

Ya cuando se apaga el sol
en el pincel de la sombra
la lluvia fría le nombra
del silencio en su crisol
se reclina en el farol
bajo ese lluvioso marco
busca el cielo en aquel charco
es plegaria que se eleva
al fondo del pecho lleva
tierno corazón de barco

Lleva la mano alargada
el ruego de algún mendrugo
cuando la miseria es yugo
y es de concreto la almohada
se aleja la madrugada
la tiniebla es amargura
la intemperie es cama dura
para ese cuerpo pequeño
que busca encontrar el sueño
y su increíble aventura

Se duerme en la breve manta
hecha de noticias viejas
y se desnuda en la queja
de la soledad que espanta
a lo lejos alguien canta
y un coro de palmas bate
el brindis de algún magnate
mientras aquel niño bueno
entra en el sueño sereno
que es de pan y chocolate

Sobre el cansancio se duerme
en las manos un pedazo
de palo en algún abrazo
aprieta su cuerpo inerme
ya cuando el cansancio merme
y se deshaga su huella
la luna un brillo destella
y al descolgar su delicia
en la frente que acaricia
va poniéndole una estrella

Viste de cansancio y frío
de abrigo que no le alcanza
de silencio y esperanza
de indiferencia y hastío
va desnudo de rocío
la ciudad es un enjambre
y nada tiene raigambre
todo es distancia y concreto
subterfugio y parapeto
allí en el sitio del hambre

A veces una migaja
cae desde la opulencia
y quien causa la inclemencia
para la foto trabaja
el jugarse esa baraja
será un ejercicio fútil
pues para que sea útil
hay que darla sin desdén
con bondad y parabién
pues de otro modo es inútil

Prefiero que haya justicia
antes que misericordia
pues quien siembra la discordia
es el rico y su avaricia
la migaja es estulticia
mientras el despojo crudo
hace el pecado tan burdo
que prefiero irme a luchar
y un mundo nuevo soñar
pues de otro modo es absurdo

En la cara de ese niño
la palabra desamparo
se escribe por el avaro
de abandono y desaliño
en la falta de cariño
que padece cada día
en la ausencia de poesía
que duele al fondo del pecho
hasta que sea un derecho
en mi tierra la alegría

Soñar el tibio rincón
que se siente a flor de nana
a ver si llega mañana
y anida en el corazón
vivir la tierna ilusión
de ese anhelo mientras tanto
aunque se rompa el encanto
luego del sueño cruzar
cuando habrá que despertar
de la alegría y el canto

Sentir la oscura silueta
dura de cada edificio
como si algún maleficio
nos llevara en su historieta
cuando la garganta aprieta
y algún suspiro se sale
que el desamparo apuñale
cada minuto una herida
y sentir si esa es la vida
es porque de nada vale

En la ciudad todo pasa
el sol, la lluvia, la gente
cada cosa indiferente
y ese dolor que te arrasa
cuando la miseria abrasa
cada ínfimo detalle
y la esperanza le falle
pues no hay nada que esperar
de la vida al caminar
si hay un niño en la calle

La avaricia es un veneno
que encierra tras su cerrojo
cada minuto el despojo
de todo sudor ajeno
maldad sin pausa ni freno
del poder su directriz
es tenebroso matiz
tan perverso y contumaz
la explotación es lo más
tóxico de mi país

Su veneno está en el viento
en el átomo del aire
y existe en cada desaire
que nos lleva al desaliento
en la angustia que presiento
es profunda cicatriz
porque es la fuerza matriz
donde la maldad se inspira
cada vez que se respira
nos entra por la nariz

Si al caminar la ciudad
por alguna calle ajena
con la mirada serena
tropiezas con la verdad
un hijo de la otredad
se te ofrece sin contratos
el cuerpo y sus malos ratos
anuncia para vender
como ingenuo mercader
"limpio autos y zapatos"

Si algún día vas de paso
por esa ciudad dormida
y tropiezas con la vida
en la duda de un zarpazo
si preguntas por si acaso
a ese niño que se allega
te dirá que en la refriega
ingenuo en su desvarío
contra el hambre y contra el frío
huele paco y huele pega

Dicen que el robo es pecado
eso dijo un dios distante
sin saber del niño errante
culpa del rico malvado
que si ese niño ha robado
es cosa muy diferente
vivir la vida de frente
estar sin fe y sin hogar
pues para poder andar
"robo aunque soy buena gente"

Soy ese niño sin manta
que se pierde entre el gentío
y se arropa con el frío
de la soledad que espanta
y que algún sueño amamanta
por un mundo diferente
soy ese anciano muriente
que pide en su mano un cobre
soy en la cara del pobre
una sonrisa sin dientes

Soy ese pueblo que anda
clavado en el crucifijo
cuando llora por su hijo
que es víctima del que manda
soy la brecha que se agranda
la distancia sin atrecho
ese corazón sin pecho
una imagen sin silueta
como un hilo sin cometa
soy esa lluvia sin techo

Soy víctima del estado
que le sirve al oligarca
aquel que echan del arca
porque todo le han quitado
soy el indio despojado
cuando emigra de la sierra
en la tiniebla que aterra
el de la rueda de abajo
soy la mano del trabajo
y aquella uña con tierra

Soy el mismo continente
de aquel pueblo originario
que cambió por el rosario
el rito del sol naciente
soy el hijo de la gente
que el oligarca destierra
y a la esperanza se aferra
de que un día ha de volver
y a quien toca recoger
lo que sobró de la guerra

Soy la mujer invisible
que borraron de la historia
del olvido la memoria
porque crea inaccesible
el futuro que es posible
y que en cada sueño ansío
soy hija del desvarío
que a veces trae la suerte
y a la sombra de la muerte
un estómago vacío

Soy ese baño desnudo
en las aguas de mi río
ansia de un pueblo bravío
y el valor de lo que sudo
solidario cuando ayudo
al que se queda en la orilla
soy del futuro la arcilla
y la esperanza de un rezo
y a veces de algún tropiezo
soy un golpe en la rodilla

Soy el hijo de un asombro
cuando la mañana empieza
y la carga que nos pesa
con toda la vida al hombro
soy la libertad que nombro
y aunque lejana la ansío
pues la suerte desafío
aunque de este mundo fiero
siento su zarpazo artero
que se cura con el frío

De ese país que soñamos
y cuyo mapa dibujo
cuando la consigna empujo
si a veces nos encontramos
si entre tantos lo anhelamos
aunque nos suene eufemístico
entre lo real y místico
de ese país ideal
sería sin bien ni mal
el mejor guía turístico

Soy el paso que camina
el ala de un horizonte
y siempre el más alto monte
a alcanzarlo nos conmina
el pueblo que se aglutina
en pos de algún ideal
y entona el himno triunfal
de aquel que trabaja y suda
y soy sin pausa y sin duda
el hijo del arrabal

Si se extravía tu andar
en la ciudad de la vida
por esa ruta perdida
fue que aprendí a caminar
tal vez te pueda ayudar
porque sé del callejeo
soy niño del mercadeo
que vendo lo que aprendí
"si necesitas de mi
por tres pesos te paseo"

En esa ruta marcada
lo mejor quizá te ofrezca
aunque a veces te parezca
tal vez triste la mirada
te doy la mano apretada
si me ofreces tu sonrisa
mi ruta no lleva prisa
soy hijo de la ocasión
para entrar al corazón
no se necesita visa

Si la vida es la biosfera
a veces juego a saltar
para poder alcanzar
el rebote de su esfera
retozo en la ionosfera
las vueltas del carrusel
su órbita es el cordel
donde tiendo mi sudario
y es parte del quehacer diario
volar por el redondel

Juego en la lluvia del frío
con barquitos de arrebol
o en la charca del farol
que crece con el rocío
en las aguas de aquel río
que se dibuja en la piel
del árbol hago un corcel
que galopa con donaire
y juego a cortar el aire
con aviones de papel

La vida dibujo a trazos
para poder reposar
pues me tengo que acostar
con un vacío en los brazos
aunque sueñe algún abrazo
como en la pared la hiedra
la dureza no me arredra
pues no hay nada que perder
aunque tenga que comer
a veces arroz con piedra

Se me aprieta el corazón
a veces de soledad
y no sé si es de verdad
una lejana canción
uso la imaginación
a lo largo del camino
pues aprendo del destino
lo que tenga que inventar
si un día quiero brindar
la copa es fango con vino

Tantas circunstancias locas
se plantan en el camino
obstáculos del destino
muchas veces y no pocas
la ruta obstruyen las rocas
y al verlo nos sobresalta
subo a la roca más alta
para poderme asomar
cuando tengo que juntar
lo andado y lo que me falta

Ya sé que la calle es dura
en medio de la ciudad
y la tiniebla es verdad
que habita en la idea oscura
nos destroza la cordura
y aunque intento no adivino
es tan tortuoso el camino
que a veces pierdo la fe
entonces pienso y lo que
me falta me lo imagino

Soy a quien odia la tropa
por orden de un gobernante
el futuro galopante
y aquel grito a quemarropa
que por la noche se arropa
en algún rincón inmundo
que tiene un sueño fecundo
por donde el futuro empieza
y siempre soy la pobreza
que no debe andar el mundo

Soy la guerra por la paz
la lucha por la justicia
la piel que nadie acaricia
y el mundo con antifaz
soy esa ignorancia audaz
que revela el mundo falso
la privación que realzo
la ingenuidad que se atreve
decir que el mundo no debe
ir con el amor descalzo

Soy la venta en cada orilla
que grita por la ciudad
porque sabe de verdad
que no es oro lo que brilla
que la tarde es amarilla
y el cansancio es proletario
soy el golpe necesario
que te estruja la conciencia
la mano de la carencia
que va enarbolando un diario

A veces mano tendida
y la imprecisa mirada
en la sonrisa forzada
donde nos duele la herida
de aquella ciudad perdida
que se traga al ser humano
con cada sueño lejano
más allá de las gaviotas
y acaricio mis derrotas
como un ala en la mano

Se cuadricula el paisaje
con las rieles de la vía
donde parto cada día
sin boleto para el viaje
la niñez, desnudo traje
sin plata ni parabienes
entre sueños y vaivenes
que la opulencia margina
la pobreza que camina
va trepándose a los trenes

El viaje es sin rumbo fijo
la dirección es cualquiera
porque nadie nos espera
y el capital nos maldijo
la calle es el crucifijo
de la niñez sin camisa
la noche no lleva prisa
la indiferencia es en serie
el sabor de la intemperie
va canjeándonos las risas

Desde el mísero arrabal
se recorta en otra calle
de la cúpula el detalle
donde habita el capital
que tras el marco imperial
oprime al pueblo deshecho
la plusvalía es un hecho
que acumula la riqueza
y vive de la pobreza
golpeándonos el pecho

El pecho del marginado
de la mujer invisible
que vive de lo imposible
y del niño abandonado
que busca lo que ha sobrado
la basura desechada
a veces no encuentra nada
como el ave mal herida
que sin saber donde anida
va con un ala cansada

La noche viste de escombro
la calle de la tiniebla
donde se traga la niebla
la inocencia de un asombro
con esa cruz sobre el hombro
que sangra por tanta herida
como la mugre adherida
a la pared del desprecio
pagando tan alto precio
ya no debe andar la vida

Por un lado la opulencia
hace la brecha más honda
y la distancia se ahonda
entre abundancia y carencia
el pincel de la inclemencia
viste al pobre con desprecio
a todo le pone precio
al niño y su honda angustia
donde la vida es flor mustia
y recién nacida aprecio

Esa silueta pequeña
por el átomo del mundo
del universal segundo
del cual tan solo es reseña
con rostro de calambreña
y un rictus en la mirada
cabellera desgreñada
es miseria que camina
y a vuelta de cada esquina
es la niñez arriesgada

El capital es ponzoña
que contra todo conspira
cuando a cualquier niño mira
con voracidad y roña
ve plusvalía y carroña
siempre en cada circunstancia
el capital con prestancia
en su afán de acaparar
nunca se ha de resignar
a una estrecha ganancia

La imaginación pregunta
el porqué del corazón
tantos sueños que no son
y el alba que los despunta
porqué la injusticia apunta
contra el pobre y sus hermanos
porqué a unos seres humanos
les toca siempre el dolor
porqué nos duele el sudor
y por qué entonces las manos

Angustia de un ser sencillo
que no alcanza a ver su estrella
y si acaso un día destella
lejano el sol amarillo
mas siempre se oculta el brillo
detrás de los montes pardos
o hay más espinas que nardos
y cuando no puedes más
es porque entonces son las
manos inútiles fardos

Cuando aquel descamisado
le toca partir la sombra
y algún recuerdo le nombra
el tibio hogar del pasado
siente el párpado pesado
y se remojan las penas
cuando por calles ajenas
se nos escapa la fe
andas descalzo y a pie
tú y el corazón apenas

Tantas veces es pecado
si el pobre dice justicia
o disfrazan de noticia
la dádiva al despojado
cuantas veces he intentado
milagros de abracadabra
para la mano que labra
cada cosa con sudor
y a veces decir amor
es una mala palabra

Estoy en cualquier lugar
que me sorprenda la vida
y en la senda recorrida
no hay mucho que recordar
tras un largo caminar
la manta es un sitio yermo
donde cansado y enfermo
me arropo con tantas penas
por esas calles ajenas
cuando cae la noche duermo

Agobia la sinrazón
que es del rico su acomodo
lo que sobra de su lodo
dios lo usó en mi creación
soy letra sin oración
la concreción de lo incierto
mi techo es un cielo abierto
a veces reja y cadalso
y en este mundo descalzo
la noche duermo despierto

A veces soy la salobre
migaja de algún mendrugo
y alguna lágrima enjugo
en el sollozo del pobre
soy la moneda de cobre
en aquel brazo alargado
sufrimiento acumulado
que siempre intento olvidar
si no lo quiero mirar
yo soy un ojo cerrado

El sueño no es absoluto
cuando la noche es pantera
que arde en su pupila fiera
y el miedo es cada minuto
cuando alrededor escruto
y la tiniebla es desierto
cada respiro es incierto
y si quiero descansar
un ojo debo dejar
cerrado y el otro abierto

La moneda de la vida
por un lado es calavera
cuando se lanza a la vera
con la cruz en su caída
hay gritos de fiera herida
que el cerco de fuego tupen
y mientras la sombra ocupen
con el miedo contumaz
no logro dormir en paz
por si los tigres me escupen

Vivimos en una esfera
donde los dioses del mal
se visten de capital
como buitre que espera
para hundir su garra fiera
hasta el último zarpazo
y si levantas el brazo
al señalar su agresión
al pecho sin compasión
me escupen algún balazo

Soy niño cuya función
es invisible en la arena
y el último que en la escena
tal vez haga aparición
si hace falta algún peón
que cuelgue aquel torvo pico
quizás ese loco chico
que se coló al escenario
pero nunca es necesario
pues mi vida es como un circo

Soy la silueta del aire
que balancea el trapecio
soy el aplauso del necio
y en la acrobacia, donaire
en la fiera soy desaire
que se arriesga a su zarpazo
esa niñez sin abrazo
que vaga por la ciudad
y a veces soy de verdad
circo, pero sin payaso

Entro al circo sin taquilla
como escapista sin magia
cuando la función presagia
aunque me siente sin silla
soy la silueta de arcilla
que se salió de la granja
aunque la campana tanja
y ponga el grito de alerta
ya sabré burlar la puerta
caminando por la zanja

Mercadeo lo que sea
soy anuncio que camina
una venta en cada esquina
lo que a trueque se canjea
asumo cualquier tarea
pues soy bandera sin franjas
he cruzado por cien zanjas
me ves en la carretera
haciendo aunque no lo quiera
malabares con naranjas

Soy esa mano alargada
con un vaso de cartón
que al final del callejón
le volteas la mirada
esa figura olvidada
que va por cualquier vereda
soy lo último que queda
del excremento social
y en esta brecha abismal
pido a todos los que pueda

Voy escondido en el tren
en un resquicio sin luz
soy más clavo de la cruz
que alguna flor del edén
si en algún lugar me ven
soy miseria que se hereda
reverso de la moneda
norma sin ningún aval
y en la vereda social
bicicleta de una rueda

Soy sombra en cualquier rincón
de la ciudad de la espera
soy el cuerpo que en la acera
busca su respiración
soy de la esquina el pregón
en la tierra soy terrígeno
algunas veces fumígeno
cuando el frío hay que cruzar
pero siempre al respirar
en el aire soy oxígeno

Para el rico soy la escoria
enterrada en sus escombros
pero a veces soy asombro
que puede cambiar la historia
del pueblo su trayectoria
en contra de la corriente
soy la ruta de la gente
si queremos avanzar
el himno que hay que inventar
para este continente

Sé que ante la oligarquía
soy figura transitoria
caravana migratoria
perdida en la lejanía
mas también soy utopía
que persigue alguna gente
la voz que dice presente
por una vida más digna
soy la más alta consigna
que descuidó el presidente

Soy el sudor del trabajo
tantas veces invisible
el futuro que es posible
y ante el rico es espantajo
la fuerza de los de abajo
cuando el futuro presiento
no importa si azota el viento
o de la hoguera el furor
a lo que huela el sudor
o si tengo mal aliento

Me baño en la desnudez
entre las aguas del río
o en la lluvia del rocío
y llevo el sol en la tez
soy ese chico que ves
detrás de alguna sonrisa
un paso que va sin prisa
y quisieras ignorar
si es que me miras llorar
o si me ves sin camisa

A veces repecho el día
y allí me pongo a silbar
y si me llego a asomar
daño la fotografía
qué importa la sintonía
si del paisaje disiento
si con la pobreza ambiento
lo que ansían retratar
o si me quieren tachar
con las tetillas al viento

Soy el cabello en la cara
cuando el viento lo desgreña
y del paisaje una seña
que la atención no acapara
cuando en la rama se para
como paloma torcaz
soy la presencia fugaz
que de pronto sigue viaje
y en la esquina del paisaje
soy un elemento más

A veces soy escalera
de alas en la penumbra
o algún destello que alumbra
una imagen pasajera
esa palabra agorera
que se pierde en el ramaje
el ruido de algún carruaje
cuando el silencio se ha roto
o en algún lugar remoto
elemento del paisaje

Si una lágrima se asoma
nadie se fija en mi queja
soy el celaje que deja
un destello tras la loma
soy del pétalo su aroma
aunque la vida me falle
a veces soy un detalle
sin impuestos que pagar
ni tengo donde guardar
los recibos de la calle

Llevo la herida del viento
junto al golpe de tambor
y en la piel vive el color
del continente que siento
cuando a su ritmo reviento
el hueso de algún tatuaje
en la calle soy lenguaje
que el pueblo ha de pronunciar
y siempre habré de cargar
porque son mi camuflaje

Soy el grito que se escucha
hecho de hombres y mujeres
y un resumen de talleres
que la utopía encapucha
el que se atreve a la lucha
cuando el enemigo embiste
soy el pueblo que resiste
cuando aprende a caminar
y el sueño que ha de alcanzar
es como algo que existe

Es perverso el oligarca
que nos expropia el trabajo
y vive de los de abajo
pues la miseria es su marca
hoy nos expulsa del arca
mientras con saña nos mira
es el poder que delira
lleno de perversidad
es tan grande su maldad
que parece de mentira

Tantas veces han golpeado
hasta perder la conciencia
al niño que es evidencia
del pueblo desamparado
en un rincón lo han dejado
con la suerte carcomida
y le infligen tanta herida
que el cuerpo se torna inerte
y tan cerca de la muerte
que parece algo sin vida

Cuando el obrero es bagazo
de algún sistema opresor
la niñez en su candor
resiente el mismo zarpazo
a la orilla del rechazo
la precariedad los tira
pues contra el pobre conspira
y hace que un niño se halle
como una sombra en la calle
también, pero que respira

Pobre del sistema cruel
cuando etiqueta a la gente
y marca un sello en la frente
que es tatuaje a flor de piel
como arrugado papel
que lo lanza de costado
pobre del mísero estado
que tal miseria genera
pobre de quien lo tolera
y pobre del que ha olvidado

Quien se olvida del amor
lo pinta la indiferencia
porque al no tener conciencia
no sabe los que es dolor
la niñez no es un error
tampoco es cualquier detalle
que la vida nos restralle
con su golpe contra el suelo
en un lugar bajo el cielo
donde hay un niño en la calle

Tal vez el tiempo ha llegado
en su órbita que aterra
cuando este planeta tierra
sea un mundo de olvidados
donde vagan desahuciados
en la piel del desaliño
los huérfanos de cariños
los hijos del arrabal
donde olvida el capital
que hay millones de niños

Nacen del tiempo que sea
en el humilde portal
al borde del arrabal
en las filas de la aldea
en la esquina que voltea
por las penas que padecen
de mil cosas adolecen
nacen de un trino en el alba
en la consigna que salva
multitud de niños crecen

Nacen de todo y de nada
de algún encuentro furtivo
de la gente con quien vivo
como flor de madrugada
de una sílaba callada
que se pronuncia cantando
rompen el miedo silbando
con la desnudez envuelta
de la vida que los suelta
y yo los veo apretando

Cargan sus pasos al hombro
a la orilla de su espera
y corren la vida entera
por las calles del asombro
son el futuro que nombro
en la bandera de un sueño
no tienen prisa ni dueño
son hijos de la pobreza
pero adornan la belleza
con su corazón pequeño

Son de los pueblos su queja
cuando piensan rebeldía
y a veces son osadía
que el rico pone en la reja
aunque eso ya es cosa vieja
son del poder los enojos
llevan en el ruedo abrojos
y una cueva de silencio
pero al mirarlos presencio
una fábula en los ojos

Amarran la soledad
con su corazón de diana
o hacen tañer la campana
de la solidaridad
aprenden la libertad
cuando el azote es más brusco
o se sueltan de los juncos
que les amarran el paso
o inventan el nuevo abrazo
cuando un relámpago trunco

Saben que se hace al andar
el mapa de cualquier viaje
son la espina del paisaje
cuando no basta rezar
a veces hay que inventar
el trino de la alborada
y con la mano alargada
quieren alcanzar un sueño
en el brillo del empeño
que les cruza la mirada

Cuando duele esa mirada
por las vueltas de la esfera
que se resume en la acera
de tanta angustia callada
en el rincón de la nada
por la sombra que anochece
si esa estampa te estremece
su órbita hay que cambiar
y aprender a caminar
junto a esa vida que crece

Pintar en la muchedumbre
el rostro de la inocencia
darle espacio a la querencia
hasta que sea costumbre
el alba que nos alumbre
cuando cada flor estalle
y que el futuro nos halle
como una sola garganta
porque a la vida le canta
un pueblo niño en la calle

SIEMPRE QUE SE HACE UNA HISTORIA
(Canción del elegido, Silvio Rodríguez)

Sé que a veces los relatos
saben a cuento o leyenda
aunque alguien no comprenda
de dónde salen los datos
que usan los literatos
y aunque pueda verse así
este ser que conocí
es de todo el universo
aunque a veces hable el verso
de un viejo, niño o de sí

Sé que al enhebrar el cuento
la rima no será fácil
pues se exige que sea grácil
y lógico cada evento
que tenga buen argumento
y siga una trayectoria
que se fije en la memoria
o se pueda analizar
y aunque lo habré de intentar
es difícil esta historia

No habré de contar siquiera
sobre el rey y su palacio
o los lindes del espacio
como la gente lo espera
puede habitar cada esfera
y aunque no se ubique aun
su forma será según
así lo exija el momento

entonces no podrá el cuento
hablar de un hombre común

Lo he visto entre tanta gente
que cruza cualquier abismo
y salta sobre sí mismo
hacia un mundo diferente
lo he visto en la llama ardiente
que alumbra la Vía Láctea
cuando hace la profilaxia
para salvar esta esfera
lleva forma dondequiera
de un animal de galaxia

Tiene que ver con saltar
la noche y quemar la cruz
si es que así se hace la luz
cuando se logra avanzar
en el largo caminar
que hace falta recorrer
con el grito del taller
que desde el pecho revienta
con la copla que se inventa
mi historia tiene que ver

Su historia no se ha inventado
se escribe en el devenir
del flujo de siempre ir
por lo que siempre has soñado
une el futuro y pasado
incluye el todo y la nada
se hace a pétalo y espada
a consigna y a sudor

con sacrificio y valor
es una historia enterrada

Lo vi mientras repetía
su consigna en el taller
junto al hombre y la mujer
cuando su voz encendía
para cantar la utopía
temprano en la madrugada
en su mano levantada
que agita de cualquier modo
esta historia antes de todo
es sobre un ser de la nada

Viene de cualquier lugar
de algún extraño confín
de la flor que en el jardín
está pronta a reventar
llega con el azahar
que a veces la brisa inventa
en el volcán que revienta
por la célula que nace
y la costumbre deshace
pues nació de una tormenta

Está en la constelación
que en el zodiaco se exhibe
y en el agua del aljibe
que humedece el corazón
cuando nace la canción
y del verso es un derroche
para reventar el broche
de la consigna que salva

antes de inventar el alba
nace en el sol de una noche

Nace de algún modo extraño
en cualquier lugar que sea
en el fragor de otra idea
o allá en los tiempos de antaño
en cualquier hora del año
a veces más de una vez
al derecho o al revés
siempre en cualquier ocasión
sin importar la estación
y en el penúltimo mes

Cruzó por el universo
sobre la aurora boreal
y el abismo universal
del anverso y el reverso
fue metáfora del verso
en la palabra secreta
con que predica el profeta
el misterio del abismo
y de pie sobre sí mismo
fue de planeta en planeta

Pronunció el grito sediento
en el desierto de arena
cuando el paisaje se llena
con angustia y desaliento
saltó el átomo del viento
en la ráfaga inestable
de la materia impalpable
porque en el ser que es posible

va sorteando lo imposible
buscando el agua potable

Montado en un electrón
lo vi el átomo cruzar
la molécula formar
de alguna revolución
en la mano el corazón
y en el pecho alguna herida
al entrar por la salida
voltea el mundo al revés
lleva el futuro en sus pies
quizás buscando la vida

Rebuscó en la sinrazón
que aquel planeta circunda
hurgó en la brecha profunda
detrás de la explotación
en el verbo se hizo acción
a ver si hallaba la clave
alzó vuelo como el ave
para resolver el mundo
¿qué se esconde en lo profundo?
la muerte, nunca se sabe

Viajó el sistema solar
por el espacio nocturno
los anillos de Saturno
fueron parte de su andar
cuando solía olfatear
el polvo de los cometas
tantas novas obsoletas
del espacio sideral

iba en pos de un ideal
quizá buscando siluetas

Iba olfateando razones
del hambre y el desamparo
de la maldad del avaro
y sus malas intenciones
andó mil constelaciones
buscando algún sueño estable
tal vez que fuera loable
detrás de la plusvalía
y descubrió que no había
algo que fuera adorable

En el palacio del rey
no pudo hallar la nobleza
y encontró que la belleza
no era parte de esa grey
que no había ninguna ley
que al amo hiciera sensible
y que es del todo imposible
descubrir bajo esa insignia
algo que no sea ignominia
o por lo menos querible

Cruzó la brecha abismal
que grita la antimateria
y encontró que la miseria
es fruto del capital
que la concreción del mal
hace que no sea alcanzable
un paraíso habitable
dentro de esa concepción

y hay que invertir su ecuación
para que sea besable

Descubrió que el universo
es tan solo una molécula
y que se mueve per sécula
sequlorum en un verso
que todo tiene su inverso
por lo tanto no hay razón
para que la creación
nos maldiga nunca más
y así sean de todos las
minas del Rey Salomón

Pero antes la utopía
de algún modo hay que alcanzar
y alguna ruta inventar
para abrigarla algún día
tal vez sea la poesía
quien logre cruzar el velo
del verso del desconsuelo
y así ubicar en la tierra
las razones de la guerra
pues se hallaban en el cielo

Descubrió que la injusticia
podía tener solución
si se siembra el corazón
en la piel de una caricia
descubrió que la avaricia
está en la norma vigente
que la humanidad resiente
porque sabe que hay desierto

también sobre el hielo yerto
y no en el África ardiente

No es de un dios la maldición
la explicación del pecado
ni del dogma disfrazado
de subterfugio y perdón
tal vez otra es la razón
para el infierno que ardiente
mantenga el miedo vigente
por algún otro criterio
no de un divino misterio
como pensaba la gente

Ese animal de futuro
palpó las perlas de luz
pero le dolió la cruz
de su historial tan oscuro
cuando al derrumbar el muro
iba buscando alegrías
vestido de algarabías
para que fuera vigente
el calor entre la gente
pero las piedras son frías

Cruzó el fondo del espacio
con su esencia universal
y allá en el arco triunfal
de la luna de topacio
lo vi caminar despacio
vestido de lejanías
iba sin más compañías
que las esferas ignotas

y en su vuelo de gaviotas
quiso calor y alegrías

Palpó las piedras preciosas
hasta el átomo profundo
las comparó con el mundo
y el perfume de las rosas
con la esencia de las cosas
con el aljibe y su calma
con el vaivén de la palma
con el corazón humano
y las echó de su mano
las joyas no tenían alma

Les puso el estetoscopio
en busca de un corazón
lo embistió la decepción
por el hecho de lo impropio
hay cosas que llevan opio
esencias alucinantes
parecen ser elegantes
más son de sombra y abismos
tan solo son espejismos,
vidrios, colores brillantes

Sobre la más alta cumbre
quiso escudriñar la vida
y en el fondo vio la herida
que sangra en la muchedumbre
cuando hacen que se deslumbre
ante el miedo que la aterra
o ante lo evidente cierra
los ojos y nunca ve

de aquella cumbre se fue
y al fin bajó hasta la guerra

La esfera de acuoso traje
a un lado lumbre que asombra
al otro lado la sombra
y era de un año su viaje
en la órbita salvaje
cuyo círculo la encierra
la injusticia la destierra
pues lleva una cruz al hombro
y una exclamación de asombro
quise decir a la tierra

No supo como creer
la estampa de sus pupilas
el amargo en las papilas
y la opresión del taller
cuando el humano quehacer
se talla en el contragolpe
al permitir que se agolpe
el fruto de la avaricia
y así de cada injusticia
supo la historia de un golpe

Se adentró en el calendario
que marca la tiranía
cuando con alevosía
despoja el trabajo diario
con el cuello en un rosario
de seres adoloridos
con sus costados heridos
tomó en su mano la espada

y al buscar la madrugada
sintió cristales molidos

Tomó en la mano un lucero
la cruz de un silencio roto
y caminó hacia el remoto
encuentro de otro sendero
hizo del sueño un apero
cuyo corolario encierra
la utopía que se aferra
en la escalera del alba
pensando qué es lo que salva
y comprendió que la guerra

La guerra que nunca quiso
montada en la rebeldía
y el derecho a la alegría
para hacer un paraíso
hasta romper el hechizo
de aquel perverso conjuro
el sendero se hace duro
cuando la injusticia es mucha
así entendió que esa lucha
era la paz del futuro

A veces es invisible
aquel que traza la historia
oculto en la trayectoria
del flujo de lo intangible
la verdad es asequible
en la llama que se enciende
cuando la ruta se emprende
por la marcha milenaria

con cada experiencia diaria
lo más terrible se aprende

Luchamos por la belleza
armados de sacrificio
porque es el mejor oficio
ataviarse de grandeza
revestirse de terneza
que en el tiempo no se olvida
esa que en el pecho anida
de este ser universal
que en pos de un alto ideal
lo hermoso cuesta la vida

Animal que en el vacío
es también polvo de estrella
y en la galaxia una huella
que hierve en el verso mío
así encara el desafío
el ser humano al erguirse,
sobre algún vuelo al subirse
como a veces suele ser
que en cotidiano quehacer
la última vez lo vi irse.

Iba montado en un sueño
con alas de muchedumbre
en los ojos una lumbre
y en el corazón su empeño
llevaba el gesto risueño
como amapola que estalla
como cuando el pecho calla
y se levanta la frente

como único aliciente
entre el humo y la metralla.

No sé si hombre o mujer
pero le peinaba el viento
y el destello de un aliento
que anuncia el amanecer
la galaxia de un quehacer
la honestidad como escudo
para deshacer el nudo
con que la vida nos ata
ante la intemperie ingrata
iba contento y desnudo

Lo vi esconder el asombro
en el suspiro profundo
y por las penas del mundo
echarse la vida al hombro
con mil palabras lo nombro
cuando al derribar las vallas
enfrentaba cien batallas
en la ruta de la suerte
y para encarar la muerte
iba matando canallas

Cruzó la noche y el día
la furia del vendaval
y la fuerza universal
gritaba con rebeldía
rebuscaba la utopía
de la vida lo más puro
en los pasos el apuro
por rescatar la caricia

iba buscando justicia
con su cañón de futuro.

Por eso hay que respirar
del aire lo más profundo
en las vueltas que da el mundo
más allá del verso andar
así la calle tomar
sin aspirar a la gloria
aprenderse de memoria
las lecciones de la vida
y empuñar fuerte la brida
siempre que se hace una historia.

REMAMOS, SIEMPRE REMAMOS
(Sobre Canción de Kany García)

Desde los primeros pasos
alguna ilusión al hombro
en los ojos un asombro
y la piel llena de abrazos
una falda en los ocasos
por donde al final del día
cien nanas por melodía
que nunca habré de olvidar
algún día podré volar
desde chica me decía

Cuando todo es un retozo
y el mundo se hace de juegos

o ante todo somos legos
de la utopía un esbozo
la ruta es un alborozo
y la ingenuidad proyecta
la vida casi perfecta
ves todo color de rosa
y de lograr cada cosa
esta es la forma correcta

Creía que la maleza
era sueño y mariposa
y que el iris se desglosa
en la palabra belleza
cuando a la naturaleza
le gustaba sonreírme
y al sentir su abrazo firme
pensaba con inocencia
que tal vez esa es la esencia
de andar y de dirigirme

Una forma de pensar
en el pecho atesoraba
una tras otra saltaba
las rocas al caminar
así solía avanzar
en la ruta caminante
la esperanza por delante
en los ojos un lucero
para mostrar mi sendero
a quienes tuve delante

Tal vez era la inocencia
el sueño que me abrazaba

la ilusión con que adornaba
alguna ingenua creencia
ante alguna iridiscencia
distraje mis embelesos
tal vez confié en los rezos
o en iluso afán de andante
pude seguir adelante
de grande costó a tropiezos

A veces por la pendiente
la niebla se torna oscura
la senda es tal vez más dura
aunque el sueño es aliciente
no sabes si es suficiente
la esperanza que se inventa
el valor que se acrecienta
si pesa la carga al hombro
me costó más de un asombro
a tropiezos darme cuenta

No es todo a pedir de boca
cada día eso aprendí
cuando menos lo creí
la mala suerte nos toca
o la intuición se equivoca
otro camino hay que hacer
tantas veces sin querer
atrás quedó la inocencia
pues nos dijo la experiencia
que había que volver a ser

Aunque no tenga salón
la vida es una maestra

y a cada tropiezo muestra
siempre la mejor lección
aunque quiebre el corazón
sé que fue para enseñarme
a caer y levantarme
como suele suceder
un tramo retroceder
ser niña y desenseñarme

Como el pájaro que canta
y adorna el amanecer
como la lluvia al correr
sobre el verdor de una planta
como el arroyo levanta
su melodía al saltar
silbo una copla al andar
en la rima de la gente
por un mundo diferente
pregunto ¿cómo callar?

Lo que nos grita el camino
lo que murmura la calle
el cotidiano detalle
o algún hecho repentino
cada acierto o desatino
la ruta por donde vas
la gente con quien estás
la angustia que nos irrita
lo que en cada idea milita
no puede dejarse atrás

Todo lo que a diario toca
hondo las fibras del alma

cuanto nos quiebra la calma
la felicidad trastoca
la sed que siente en su boca
aquel que un mendrugo ruega
el avaro que le niega
de la alegría un asomo
nada justifica cómo
queda atrás lo que te pega

Por esa mano extendida
por la piel que suda frío
ante el diario desafío
que nos escarba en la herida
por el derecho a la vida
en la ruta donde voy
por ese pueblo que soy
convertido en muchedumbre
por la ruta a flor de lumbre
yo vengo a ofrecerme hoy

Aquel barco de papel
que una vez eché al torrente
quizás no exista al presente
pero enfila otro bajel
donde un pueblo es timonel
y en el mar inmenso vamos
mientras el himno entonamos
con la mirada tendida
en las olas de la vida
remamos, siempre remamos

Cuando se asoma un capullo
sabe que está pronto el sol

y se abre ante el crisol
porque ser flor es su orgullo
cada cual hace lo suyo
a pesar de algún desprecio
aunque el vendaval sea recio
la vida sabe mejor
si se lucha con valor
sabiendo cual es el precio

Tal cual la noche sacude
sus vocales misteriosas
habrá semillas airosas
donde el embrión se desnude
que cuando el rocío sude
sus tenues roces mojados
en los surcos desgajados
en cuyo parto presencio
que así se quiebra el silencio
con los puños apretados

El remo se agarra fuerte
sobre las olas del mar
el océano al cruzar
sobre la sombra se vierte
del abismo de la muerte
que siempre quiere vencernos
los males no son eternos
si sabemos avanzar
y remar, siempre remar
sin pensar en detenernos

Conocer el vendaval
que rompe la madrugada

su barrunto de alborada
y el filo de su puñal
con el sabor de la sal
y una flor en el aliento
no alejarnos del intento
del futuro y su algoritmo
remamos a un mismo ritmo
con la cara contra el viento

La maleza se desgaja
en pájaros de locura
si la travesía es dura
el remo es un sube y baja
en la mano que trabaja
hacia algún faro distante
luce el lucero brillante
su arquitectura de lumbre
donde va la muchedumbre
con la valentía adelante

Tantas veces escribía
sobre mi página en blanco
las notas con las que arranco
cien metáforas bravías
y al trazar sus melodías
la palabra desenredo
la oración que hay en mis credos
sobre el pecho se persigna
al repetir la consigna
con el pueblo entre los dedos

A veces el equipaje
sabe la ruta completa

y dibuja su silueta
en las formas del paisaje
en la mochila de viaje
hay un mapa sin atrecho
cuando la angustia es un hecho
que va montado en la barca
habrá que cruzar la charca
con un nudo aquí en el pecho

Luna de la charca espejo
que se quiebra a cada instante
cuando rema el navegante
el cristal de su reflejo
la luz del faro un consejo
ofrece al brazo cansado
se hace del camino andado
tal vez el puerto seguro
solo se llega al futuro
soñando que al otro lado

Cuando la hoja desgrana
su viaje al tocar la tierra
junto a otras tantas se aferra
de la composta artesana
de ella otra vida emana
como un milagro en ascenso
esa tierra es el consenso
que nos dicta la razón
porque así es la evolución
se avecina otro comienzo

La semilla el aguacero
recibe en el corazón

así despierta el embrión
a seguir su derrotero
a veces sin desespero
lento el paisaje se nubla
cuando la hora diluvia
quisiera otra vez nacer
y para poderlo hacer
me quedé bajo la lluvia

La esencia del devenir
es giro en el carrusel
al subir a otro nivel
en la barca hay que seguir
la palabra repetir
hasta donde el grito alcance
aunque la corriente amanse
la semilla al levantar
habrá de necesitar
lluvia aunque la voz se canse

Se aprende del alto vuelo
que traza la golondrina
y del agua cristalina
al colarse bajo el suelo
todo es flujo y es anhelo
cuando avanza la vereda
se aprende de la arboleda
que sombrea monte y llano
saber que nació de un grano
es lo único que queda

Lo dice la piel que suda
en la canción del taller

y en cada diario quehacer
cuando el alba lo reanuda
a veces la vida es ruda
y nos quita lo avanzado
si esa lección has guardado
seguir es acto de fe
quizá es lo único que
queda que no se ha quebrado

No es el mismo barco aquel
que en el medio de un retozo
echaste a flotar al pozo
a orillas de algún vergel
es más pesado el bajel
tanto como aquella cruz
cuyo peso a contraluz
o a sombra nunca se esconde
y se siente siempre donde
hay dolor y falte luz,

Así entonces la canción
como un pétalo en la grama
brinda olor al pentagrama
y afina su diapasón
es rima en cada oración
y copla en el caminante
que su melodía levante
y haga justo cada hecho
para sentirlo en el pecho
y que mi garganta cante

Que fluya ante el desamparo
como paloma de lumbre

que se enfrente a cada herrumbre
como a la tiniebla el faro
que se escuche alto y claro
aunque la voz se desgarre
que desglose cada amarre
y en la más noble consigna
haga la vida más digna
y que la canción agarre

Cuando rompa en la garganta
la fuerza de mis cantares
como rezo en los altares
del pueblo que se levanta
en busca de pan y manta
por tantos mares surcados
por los sueños anhelados
desde los huesos del alma
posados sobre la calma
en fuerza mis pies anclados

Las manos, gaviota y ala
que en la tarde rompe el cielo
con el cristal de su vuelo
cuando un suspiro se exhala
en cada orilla recala
el himno que levantamos
y que en la mano llevamos
como apero de labranza
cuando por esa esperanza
remamos, siempre remamos

LAS CASAS DE CARTÓN
(Sobre esta canción de Alí Primera)

Con cien casas recostadas
a la orilla del paisaje
la aldea es humilde traje
sobre las gentes cansadas
ya las nubes asomadas
ponen su tonada turbia
dicen que pronto diluvia
como el sudor de su tez
sobre aquella desnudez
que triste se oye la lluvia

Se oye la llovizna fría
batir sobre la intemperie
de aquellas casas en serie
que adornan la serranía
es triste la melodía
como si en una canción
se escapara la oración
que clama alguna esperanza
cuando el aguacero danza
en los techos de cartón

Allí habita el flaco sobre
del pueblo trabajador
que a diario cambia el sudor
por tres monedas de cobre
así es la vida del pobre
que la lluvia a veces siente
mientras el pecho presiente
que ya viene el temporal

en la brecha desigual
que triste vive mi gente

Hay locura en la maleza
y el rayo se hace disparo
cuando habita el desamparo
allí donde el hambre empieza
donde el miedo es otra pieza
del despojo y la opresión
y se aprieta el corazón
en algún rincón del lecho
la lluvia golpea el techo
en las casas de cartón.

Donde la calle serpea
y la distancia se alarga
la gente en sus hombros carga
las penurias de la aldea
el color gris de la brea
de oscuro pinta el sendero
entre el canto lastimero
que en sus palabras exhibe
la tristeza con que vive
viene bajando el obrero

Su silueta es una estampa
que en el cansancio transita
y en el silencio milita
mientras la lluvia no escampa
adentro el temor acampa
el paisaje dice ocaso
lleva la vida en sus brazos
y el sudor en el taller

camina al oscurecer
casi arrastrando los pasos

Cuando viene la tormenta
a veces no hay más refugio
que inventar un subterfugio
en lo que el alba revienta
el pueblo su apero inventa
con el que ha de construir
la voluntad de seguir
mientras nos quede un respiro
y sea tan hondo el suspiro
por el peso del sufrir

El viento en su furia azota
los cimientos de la casa
y las hendijas traspasa
el filo de cada gota
de un árbol la rama rota
el tronco siente gemir
el techo se quiere ir
hacia la intemperie oscura
y si la desgracia es dura
mira que es mucho sufrir

El ojo de la tormenta
nos engaña en su remanso
luego del minuto manso
el vendaval se acrecienta
para que el mísero sienta
que el viento puede mentir
la casa vuelve a gemir
de sus cimientos herida

a lo largo de la vida
mira que pesa el sufrir

Cuando pasa el temporal
el bosque queda desnudo
el dolor es tan agudo
como el filo de un puñal
el paisaje celestial
cubre la tierra arrasada
la niebla sobre la nada
pinta las nubes de tul
bajo el ancho toldo azul
deja a la mujer preñada

La casa en forma de escombro
en las calles se amontona
mientras la vista fusiona
la pena con el asombro
echarse la vida al hombro
es la única verdad
camina la soledad
y algún sueño se derriba
el sufrimiento está arriba
abajo está la ciudad

Deambula cada invisible
la ruta de su desgracia
alguien dice democracia
la vida dice: imposible
mientras el rico insensible
se esconde en esa patraña
del subterfugio que engaña
mientras abulta su sobre

el pobre se hace más pobre
y se pierde en su maraña

Del palacio de gobierno
hablan de misericordia
cuando siempre la discordia
fue el camino de su infierno
que pintan de dulce y tierno
abren su falso dosier
la imagen quieren vender
pero adelantan su ficha
viven de nuestra desdicha
hoy es lo mismo que ayer

En este paisaje roto
donde la moral declina
y ante el poderoso inclina
como ante dios un devoto
nos usan para la foto
de alguna primera plana
porque el de arriba es quien gana
como suele suceder
hoy como antes fue ayer
es un mundo sin mañana

A lo lejos el paisaje
de vez en cuando se pinta
y el rayo pone su cinta
como un adorno en su traje
pronuncia un trueno el celaje
y el sol con su cara rubia
tras el manto que diluvia
de las gotas se guarece

si de un techo se carece
que triste se oye la lluvia

Los pasos del aguacero
al correr por la colina
una placa cristalina
dibujan sobre el sendero
el trino de algún jilguero
que late en tu corazón
busca el nido en un rincón
sin saber que ya no existe
la lluvia es música triste
en los techos de cartón

La miseria ya existía
antes de aquel temporal
el despojo es vendaval
al correr de cada día
que entierra su garra impía
como un carimbo en la frente
pues la piel del hueso siente
que la vida es triste y mustia
bajo el peso de la angustia
que triste vive mi gente

El agua se hace corriente
entre la yerba mojada
y corre desesperada
sobre el temor de la gente
que la mano fría siente
de la cruel explotación
mientras en el corazón
la sangre espacio reclama

es amor la única llama
en las casas de cartón

Un niño sale al sendero
para inventar un retozo
poco a poco un alborozo
sirve a la risa de apero
cada pupila un lucero
enciende sobre la sierra
la mirada se entrecierra
para aprender a soñar
que pintan sobre el solar
niños color de mi tierra

Un surco es la tierra herida
que aunque su entraña destroza
un día nos da la rosa
y el fruto para la vida
mas la indiferencia olvida
que podemos ser felices
si aun con diversos matices
la misma angustia sentimos
y como ella vivimos
con sus mismas cicatrices

Niño de tierra en la piel
niña que en cada pupila
alguna ilusión destila
entre la sal y la miel
entre el dulzor y la hiel
el sueño de ser felices
entre los muchos matices
con que la injusticia empieza

los niños en la pobreza
millonarios de lombrices

En aquel rincón del suelo
el retozo es pie desnudo
y la miseria es el nudo
que del ala amarra el vuelo
tiende la tiniebla el velo
borra el lucero y sus guiños
la marca del desaliño
pinta en la piel su tatuaje
con la desnudez por traje
que triste viven los niños

La lluvia borra el sendero
oculta el lodo la huella
gime el viento su querella
y se inunda el semillero
la niebla oculta el lucero
con su oscuro nubarrón
tal vez la crucifixión
llevan los pobres al hombro
la vida es casi un escombro
en las casas de cartón

La riqueza despojada
hondo en la miseria duele
y es trapiche en que se muele
el sudor de la jornada
la clase privilegiada
mi calle pinta de encierros
envía sus testaferros
a empujarnos a su infierno

en la casa de gobierno
que alegre viven los perros

Ese palacio de estado
es del poderoso el arca
y en su calendario marca
la muerte del explotado
la angustia del despojado,
le pone precio al sudor
del pueblo trabajador
que convierte en plusvalía
y es del rico la alcancía
casa del explotador

Se cuelan los aguaceros
por las hendijas del frío
como entra el desvarío
en el pecho del obrero
como se inunda el sendero
que resta por recorrer
si no deja de llover
sobre la piel de la gente
tanta angustia que se siente
usted no lo va a creer

Llueve sobre las pensiones
sobre la escuela un diluvio
y el temporal es disturbio
para inundar sus lecciones
se clausuran los salones
para el que estudia hay destierros
cárceles de fríos hierros
donde amarran la verdad

matan la universidad
pero hay escuelas de perros

Para los de arriba el lujo
con que adornan su arrogancia
de oro pintan su estancia
que nuestro sudor produjo
todo cede ante el influjo
de la ley que hace el patrón
su mascota hace oración
y es de oro su rosario
de petróleo su incensario
y les dan educación

Sus mascotas tienen clase
como una clase social
que vive del capital
opresión y coloniaje
le enseñan a oler el traje
que usan los proletarios
a repeler los sudarios
porque ellos huelen mejor
le asignan ese valor
pa' que no muerdan los diarios

El buitre y su rapiña
se alimenta de carroña
es sabandija y ponzoña
que sobre el pueblo escudriña
con la muerte se encariña
la guadaña es su aguijón
el sistema su mansión
y es de sangre su mordida

si no te muerde la vida
pero nos muerde el patrón

Nos muerde en cada jornada
cada hora, cada día
cada vez a sangre fría
en la fuerza despojada
nos niega la madrugada
con subterfugios y engaños
nos tratan como rebaños
cuantas veces nos esquilan
nos maltratan y aniquilan
hace años, muchos años

Desprecian al perro sato
que por las calles deambula
y en su ladrido acumula
lo que siente el pueblo nato
su ladrido rompe el trato
que impone aquel usurero
es un ladrido sincero
que de la calle es diatriba
no como el perro de arriba
que está mordiendo al obrero

Si una nube se desglosa
en mil gotas de rocío
la brisa es tatuaje frío
en la rama quejumbrosa
una silueta borrosa
esconde la esfera rubia
de la luna que diluvia
vestida de serenata

aunque se vista de plata
que triste se oye la lluvia

Pasado el atardecer
se cierra el oscuro broche
y en el medio de la noche
el agua empieza a caer
lejos el amanecer
el abrazo es un rincón
que llega hasta el corazón
entre las paredes viejas
murmura el aire su queja
en los techos de cartón

En medio de la penumbra
tiembla encendida una vela
la pupila se desvela
y a la pena se acostumbra
a lo lejos se vislumbra
por donde la vista alcanza
que el paisaje con su danza
al sueño le dice adiós
un rezo busca su dios
lejos pasa la esperanza

Cuando todo está perdido
ya no hay nada que perder
de la angustia hay que aprender
para matar el olvido
allí donde el pueblo herido
es tristeza y oración
tal vez se hace la canción
que no se da por vencida

y nace un canto a la vida
en las casas de cartón

No sé si acaba o empieza
el canto de este juglar
que le entregó su cantar
a la gente y su belleza
a la esperanza que reza
alguna nueva oración
y el pueblo se hizo canción
consigna, voz, esperanza
que por las calles avanza
y grita revolución.

LA MALDICIÓN DE MALINCHE
(Sobre canción de Nacha Guevara)

Mojadas de ola y espuma
llegaron cien carabelas
con una herida de estelas
entre la sombra y la bruma
no hay palabra que resuma
lo que quisiera contar
tembló en la orilla el palmar
y se detuvo el oleaje
vestidos de extraño traje
del mar los vieron llegar

Ellos sobre embarcaciones
con cien velas en el viento

arrogancia en el aliento,
arcabuces y cañones
los nuestros sin tentaciones
y los pasos descalzados
tal vez los rostros pintados
la desnudez en su ajuar
ellos de escudo y metal
mis hermanos emplumados

Traspasaron la distancia
sobre las olas del mar
nadie pudo sospechar
la razón de su arrogancia
se adueñaron de la estancia
arteros e inesperados
de los rostros asombrados
en nuestra gente aborigen
aun sin saber de qué origen
eran los hombres barbados

No sospechamos la suerte
que aquel tan oscuro día
sobre el suelo escribiría
cuando en miedo se convierte
que la ingenuidad se vierte
como algún ala atrapada
en la palabra enrejada
sobre la brecha abismal
que era el relato ancestral
de la profecía esperada

Quién sabría, no lo sé
lo que va detrás del mito

cuando es convertido en rito
por las rutas de la fe
que tan claro no se ve
si una creencia te marca
la sabiduría es parca
entre mente y sinrazón
tal vez por esa razón
se oyó la voz del monarca

Hay diferentes valores
que nos enseña la historia
lo que por unos es gloria
para otros, sinsabores
el destino y sus rigores
dependen de lo soñado
de la ruta y lo esperado
que en el monarca es razón
pues le dijo el corazón
de que el dios había llegado

Aquel pueblo originario
entre el temor y el asombro
se echaría sobre el hombro
la angustia de otro calvario
ahora duele el ideario
todavía nos desconcierta
que aquella visión incierta
no fue tal vez de otro modo
cuando le entregamos todo
y les abrimos la puerta

Ellos nos dieron cristales
nos despojaron del oro

nuestra tierra fue el tesoro
de sus ansias imperiales
quemaron los ideales
del milenario legado
el pueblo fue esclavizado
entre la sierra y el mar
nos dejamos sojuzgar
por temor a lo ignorado

Aquellos dioses ajenos
quebraron el paraíso
como se sopla un hechizo
para encantar niños buenos
nuestro grito se hizo menos
montados en la modestia
fue menguada la molestia
que el nuestro les causaría
pues los seres de aquel día
iban montados en bestias

Nos diezmaba su avaricia
que se trocó en desalojo
y a cambio de aquel despojo
nos dejaron su inmundicia
perversidad que propicia
el crimen burdo y brutal
que en la arrogancia imperial
sobre los nuestros se vierte
nos inundaron de muerte
como demonios del mal

Los ataviamos de aureola
desde nuestra ingenuidad

pues se vicia la verdad
cuando el miedo la controla
si la esperanza se inmola
ante déspotas tiranos
cuando son tan inhumanos
como lo fue su avaricia
los amos de la codicia
iban con fuego en las manos

Los vistió la hipocresía
nos enseñaron la cruz
y nos robaron la luz
de nuestra sabiduría
cambiaron la profecía
por su dios universal
que lo nuestro estaba mal
nos dijeron con cinismo
vestidos de cristianismo
y cubiertos de metal

Algunos se dieron cuenta
que no eran santos ni dioses
por los crímenes atroces
y su prédica avarienta
de la riqueza sedienta
la falsedad de sus cantos
y de los crímenes tantos
contra el pueblo y tanta gente
aunque entonces le hizo frente
solo el valor de unos cuantos

Se alzaron grandes guerreros
ante la fuerza imperial

al grito continental
de afanes tamborileros
atabales y panderos
levantaron la conciencia
su canto fue la advertencia
en contra del invasor
y su ejemplo de valor
les opuso resistencia

Abya Yala, la gran tierra
era un solo continente
la sangre se hizo torrente
con tantos gritos de guerra
a veces la historia yerra
y el sacrificio es desangre
llegó la epidemia, el hambre
maldición del invasor
al cubrirnos de dolor
y al mirar correr la sangre

El invasor enseñaba
a ser indios simplemente
y que nuestro continente
era desnudo y pecaba
si la luna se adoraba
y no su dios es ofensa
que la culpa sería inmensa
si adoras la lluvia o sol
y a través de aquel crisol
se llenaron de vergüenza

La noche así nos cayó
pintada de oscuridad

era su perversidad
que en la historia se amarró
tantas fronteras creó
para lograr que nos domen
así el futuro desplomen
al imponernos cien males
supimos que eran mortales
porque los dioses ni comen

Eran mortales, no dioses
y pintaron en la historia
que morir nos da la gloria
el paraíso y sus goces
que a ser libre nunca oses
porque estás domesticado
que estar desnudo es pecado
como ellos nos advierten,
pero los dioses no mienten
ni gozan con lo robado

Caímos en la mentira
de una falsa identidad
del desprecio y la maldad
con la que su dios nos mira
sin embargo el mundo gira
y cae lo que se inventa
tal vez supimos su afrenta
y ya era tarde el ayer
cuando supimos qué hacer
y cuando nos dimos cuenta

Impusieron otro rey
de extraña mitología

nos cambiaron la utopía
por su decreto y su ley
que seríamos otra grey
un rebaño conquistado
porque ser esclavizado
sería nuestro destino
y al aceptar su camino
ya todo estaba acabado.

El destino manifiesto
sería morir en la mina
y que era gloria divina
aceptar ese supuesto
aquel engaño funesto
que por temor adoptamos
sus fronteras aceptamos
callamos la rebeldía
cuanto nos pertenecía
y en ese error entregamos

Fueron años de exterminio
para extraer la riqueza
y nuestra naturaleza
someterla a otro dominio
maldición o vaticinio
de un pueblo domesticado
por avaricia explotado
para enriquecer a otros
así perdimos nosotros
la grandeza del pasado

Le cambiamos por cristales
nuestra tierra y sus recursos

le creímos el discurso
y nos dejaron sus males
callamos los atabales
cuando los ojos cerramos
a sus dioses le rezamos
cumpliendo las penitencias
adoptamos sus creencias
y en ese error nos quedamos

Trajeron su catecismo
la cruz que adorna la espada
para darnos la estocada
y empujarnos al abismo
nos deslumbró el espejismo
de una salvación con clavos
que crucificó a los bravos
guerreros del continente
y así ha sido hasta el presente
trescientos años de esclavos

Si es castigo o penitencia
nunca sepamos tal vez
si esta realidad soez
es parte de una sentencia
nos mata la indiferencia
y nos traga el precipicio
entra por cada resquicio
la sumisión al tirano
quien sabe si ante el desgano
se nos quedó el maleficio

Son siglos de sumisión
ante el déspota y verdugo

que nos tiene bajo el yugo
del despojo y opresión
si es no tener corazón
esclavizar al obrero
tal vez sea peor sendero
que una lucha contumaz
nadie haya sido capaz
de brindar al extranjero

Quieren borrarnos la historia
y convertir en despojo
cualquier vestigio de arrojo
que nos lleve hacia la gloria
nos imponen la ilusoria
visión de su falsa altura
y callamos la bravura
de todo un pueblo guerrero
donde es trinchera y apero
nuestra fe, nuestra cultura

Hay que decir alegría
de espigas y un horizonte
con cien alas sobre el monte
hasta alcanzar la utopía
seguramente ese día
la justicia sea primero
para hacer otro sendero
de voces que ya dirán
nuestra vida, nuestro afán
nuestro pan, nuestro dinero.

Largo tiempo ha transcurrido
y hay quienes doblan rodilla

o ponen la otra mejilla
como un soldado vencido
mas no puede haber olvido
hay que seguir caminando
aunque alguien siga trocando
lo nuestro por sus cadenas
las alegrías por penas
y les seguimos cambiando

Como antes todavía
hay mitos que nos confunden
concepciones que se funden
con la cruz de cada día
como antes la alevosía
nos envuelve en su delirio
aun sufrimos el martirio
de celebrar la opresión
muchos cambian sin razón
oro por cuentas de vidrio

Hay una historia de escombros
que en tanto grito callado
se nos borró en el pasado
entre silencios y asombros
cinco siglos en los hombros
son parte de la tristeza
cuando la naturaleza
cada día trabajamos
pero a veces renunciamos
y damos nuestra riqueza

Aun más de uno siente
sin explicar la razón

como extraña sensación
algún carimbo en la frente
porque la historia no miente
se hace a machete y trillo
aunque algún falso caudillo
símbolo de la bajeza
aun cambia nuestra riqueza
por sus espejos con brillo.

Hay quien del amo es servil
como así lo testimonia
quien vive de la colonia
cuando es genuflexo vil
domesticado febril
que vende, traiciona y miente
a todo un pueblo y su gente,
que es de lesa humanidad
un delito en realidad
hoy en pleno siglo veinte

Como pájaro enjaulado
tras la reja de su abismo
que fabrican con el mismo
tesoro que se han robado
a veces domesticados
indiferentes o turbios
de la lógica disturbios
si hablamos de dignidad
y de cada oscuridad
nos siguen llegando rubios

Allí donde besa el mar
la arena de nuestra orilla

el invasor nos humilla
decide quién ha de entrar
así profana el altar
del suelo que nos abraza
y con sumisión que arrasa
la dignidad y cordura
ocultamos la bravura
y les abrimos la casa

Nos usan como vitrina
para tanto experimento
y ponen rejas adentro
nuestros héroes y heroínas
dicen que por la ley divina
nos aplican cien castigos
que son nuestros enemigos
aquellos que nos defienden,
llegan quienes nos ofenden
y los llamamos amigos.

Nos imponen la desgracia
del oprobio colonial
la visten de festival
y le llaman democracia
sobre los nuestros se sacia
el norte astuto y malvado
sobre el sudor explotado
de cada hombre y mujer
a quien solo quieren ver
pero si llega cansado

Son los mismos que aquel día
llegaron sobre la mar

vestidos de extraño ajuar
pintados de alevosía
la cruz de su hipocresía
clavaron sobre esta tierra
pero todavía le aterra
la lucha de un pueblo herido
y así es pintado de olvido
un indio de andar la sierra

Hollaron el continente
con sus pasos de exterminio
impusieron el dominio
como carimbo en la frente
no ha de ser indiferente
la consigna que gritemos
para que no despreciemos
al hermano que en su asomo
venga a reclamarnos cómo
lo humillamos y lo vemos

Porque al pueblo originario
lo empujaron sin razón
a algún oscuro rincón
con un ajeno ideario
le pusieron el rosario
con camándulas de guerra
lo escondieron en la sierra
le enseñaron a rezar
para hacerle caminar
como extraño por su tierra

Le mataron la alegría
le quitaron la belleza

opacaron la grandeza
de su tonada bravía
sembraron la oligarquía
con intenciones siniestras,
sumiso al amo demuestras
que te acoges a su ley
así llegaste a ser rey
tú, hipócrita que te muestras

Hay que cruzar la tormenta
para derrotar la noche
y que el valor sea derroche
para enjuagar tanta afrenta
que entre los pueblos se sienta
la luz del nuevo sendero
encender el pebetero
de nuestra emancipación
pero ser sin sumisión
humilde ante el extranjero

No es lo mismo la humildad
que pintar de indiferencia
el color de la conciencia
donde lo falso es verdad
pues la solidaridad
de la esperanza es acervo
y la maldad fue aquel verbo
que nos hundió en el abismo
tú sabes que no es lo mismo
pero te vuelves soberbio

Que sea nuestra la alegría
de una canción diferente

cuando amanezca la gente
en la escalera del día
repechar la rebeldía
enmendar el desarreglo
en el tejido que enhebro
en el manto del quehacer
y al horizonte correr
con tus hermanos del pueblo.

Hilvanar paños de lumbre
en pos de la libertad
y la solidaridad
hacerla nuestra costumbre
hacia la más alta cumbre
que un Rocinante relinche
y cuando el pecho se hinche
por el sueño conquistado
la leyenda habrá cambiado
oh, maldición de Malinche.

Ya el aborigen diezmado
al otro lado del mar
partieron a secuestrar
al África esclavizado
de su tierra fue arrancado
y le marcaron la frente
aun el dolor se siente
de tanta perversidad
sin tierra y sin libertad
enfermedad del presente

Maldición que nos mancilla
más allá de la vergüenza

aunque el futuro comienza
cuando das forma a la arcilla
de alguna estrella que brilla
y en el ideal se encierra
cuando al futuro se aferra
tras la noche del barrunto
maldición yo te pregunto
cuando dejarás mi tierra

La vida es un caminar
la ruta hacia la alegría
pronunciando rebeldía
aunque haya que tropezar
es volverse a levantar
cada vez alta la frente
en la multitud presente
echar la consigna al viento
y celebrar el momento
cuando harás libre a mi gente

Somos pueblo milenario
que se ha echado a caminar
entre la sierra y el mar
para hacer otro escenario
con el más alto ideario
que nuestra vela se hinche
y hacia el futuro relinche
el ansia de libertad
y derrotar de verdad
la maldición de Malinche

HISTORIA DE UN AMOR
(Canción de Carlos Eleta)

Cuando nos juntó el azar
bajo la luna de plata
la vida fue serenata
y la guitarra su altar
nos tuvimos que mirar
a la llama del fulgor
el susurro de un candor
en verso se hizo derroche
lo que comenzó esa noche
es la historia de un amor

Ahora que te recuerdo
y a veces vistes de ausencia
vaga en el aire la esencia
por cuya ruta me pierdo
entonces los labios muerdo
hasta sentir que he sangrado
si a veces te has alejado
sueño volverte a sentir
nunca quisiera decir
ya no estás más a mi lado.

Nos cogió el amanecer
abrigado en su penumbra
cuando el sol más tibio alumbra
el amor se hizo mujer
¡cuánto te supe querer
más allá de la razón!
el alba se hace canción
y en su escalera de alas

un hondo suspiro exhalas
a mi lado corazón.

En la razón de mi canto
tu nota fue melodía
o si algo me dolía
el alivio de algún llanto
en tu regazo hallé el manto
que en el recuerdo sostengo
la ruta por donde vengo
en busca de la verdad
tu afán por la libertad
en el alma solo tengo

Ni una duda en la memoria
desde el primer juramento
cuando un mismo sentimiento
nos unió en pos de la gloria
son las rutas de la historia
que sigue la humanidad
el ansia de libertad
iluminó cada día
mas si no eres mi alegría
solo tengo soledad

Si no te siento a mi lado
cargando la vida al hombro
suspirando el mismo asombro
que tanto nos ha costado
si eso que hemos soñado
nos fuera a negar la suerte
cuando no puedo tenerte
para decir rebeldía

si no estás en mi utopía
y si ya no puedo verte

Me asalta la interrogante
si cometí algún pecado
por tanto camino andado
por la ruta hacia adelante
quien de lo justo es amante
todo lo juega a esa suerte
siento cada vez más fuerte
latir en el corazón
y sé que esa es la razón
porque Dios me hizo quererte

Si a veces tomé la senda
de luchar por la alegría
y poner en la poesía
mis versos como una ofrenda
no creo que a nadie ofenda
el empeño contumaz
que el pasado deja atrás
y andar contigo al futuro
que si no estás se hace oscuro
para hacerme sufrir más.

De la vida el caminar
es lo que hace la conciencia
y cada paso es la esencia
que nos ayuda a avanzar
por un sueño conquistar
la justicia en cada acción
lo hicimos de corazón
adelante, alta la frente

por un mundo diferente
siempre fuiste la razón

Asumimos la batalla
en contra del desamparo
y la justicia fue el faro
ante el perverso y canalla
superamos cada valla
ante cualquier devenir
que en la vida todo es ir
como dijo el versador
y siempre ha sido el amor
la razón de mi existir

Tal vez no puedo explicarme
la duda que nos embarga
porque la ruta nos carga
o el cansancio nos desarme
mas no logro imaginarme
hacer la vida sin ti
si la ruta recorrí
en pos de una sola estrella
ha sido la flor más bella
adorarte para mí

La patria es el escenario
donde hacemos el amor
la consigna es el clamor
de mi pueblo libertario
si fueras mi escapulario
de mi vida la razón
juntos en el corazón
los dos serían mi costumbre

saberte en la muchedumbre
para mi fue religión

Has sido ante la pobreza
la más furiosa consigna
que canta cuando se indigna
la multitud cuando empieza
a luchar por la belleza
que la razón predicaba
con igual pasión que amaba
ese afán de algarabía
que hondo en el pecho sentía
y en tus besos yo encontraba

Te vistes de amanecida
en la palabra del sol
y un encendido crisol
pinta de luces mi vida
la ruta nunca perdida
que con tu lumbre avanzaba
y en la tiniebla brillaba
tu silueta de mujer
siempre he querido tener
el calor que me brindaba

Eres mi flor de amapola
que sangrante en la batalla
vestida de lumbre estalla
y hasta el cielo se enarbola
fiesta de bandera sola
que anuncia la redención
pentagrama y diapasón
vestida de serenata

cuando en su canto desata
el amor, y la pasión

Así anda el pueblo mío
revestido de esperanza
es paso que no se cansa
en pos del libre albedrío
cuando derrota el hastío
y se convierte en clamor
es sacrificio y valor
que entre los dos caminamos
y cuando juntos andamos
es la historia de un amor

Es el quehacer cotidiano
que avanza por el camino
al construir el destino
con el esfuerzo hecho a mano
por cada derecho humano
aun si es lucha desigual
perseguir el ideal
que se dice verso a verso
y resume el universo
como no hay otro igual

Si alguna vez los enojos
se revistieran de ausencia
la forma de tu presencia
le dará luz a mis ojos
para apartar los abrojos
con tu grito de mujer
has sabido entretejer
la consigna que se escucha

pues la vida es toda lucha
que me hizo comprender

Cuando tomas la avenida
sobre el ritmo del tambor
la calle es canto de amor
que se hace himno a la vida
y aunque te crea rendida
eres de azúcar y sal
y te yergues colosal
con dimensión de universo
eres pasión, ruta y verso
y todo el bien, todo el mal

Ante el despojo que acecha
eres canción necesaria
en la marcha libertaria
que la vertiente repecha
eres fulgor en la mecha
que en lo alto va encendida
pues nunca ha sido vencida
el ansia de libertad
que es la única verdad
que le dio luz a mi vida

Ya sabemos que el tirano
quiere a la mujer vencida
que de la historia se olvida
como un recuerdo profano
pero ese empeño es en vano
aunque lo intente otra vez
como sabemos que es
la fuerza de su costumbre

que enciende una falsa lumbre
apagándola después

Por eso desde aquel día
cuando los dos nos miramos
en un beso nos juramos
militar por la alegría
que cada cual cumpliría
tal promesa con bravura
y aunque la marcha sea dura
en el diario devenir
nunca habremos de decir
ay que vida tan oscura

Por eso te quiero estrella
fruto del más digno afán
donde los sueños están
de mi tierra esclava y bella
porque somos paso y huella
un ejemplo de la fé
con que se avanza en pos de
la promesa con que juro
si no estás en el futuro
sin tu amor no viviré

Hoy vuelvo atrás la mirada
y hay puntos de lejanía
pero sé que todavía
nos espera la alborada
sé que no hay senda marcada
pero en la mano una flor
voy deshojando al calor
del polvo de la vereda

pues la lucha que nos queda
es la historia de un amor.

COMO QUISIERA DECIRTE

(Canción de Orlando Salinas
interpretada por Los Ángeles Negros)

Tal vez quieras escuchar
desde el más hondo secreto
hasta el sueño más discreto
que puedas imaginar
la razón de este cantar
que un día habré de escribirte
tal vez pueda definirte
la verdad de una tristeza
cada vez que un verso empieza
como quisiera decirte

La razón de alguna herida
mis metáforas de amor
cuando al deshojar la flor
voy deshojando la vida
esa utopía dormida
que en un poema concentro
cuando la sílaba encuentro
por la gente que se calla
pero en la consigna estalla
algo que llevo aquí dentro

Llevo guardado un silencio
con que el ánimo batalla
tal vez caricia o metralla
en cada flor que presencio
el alba que reverencio
cuando la noche declina
la utopía que germina
y el opresor es acecho
entonces siento en el pecho
clavado como una espina

Somos la flor de la vida
la rima que hay en mi canto
y si no estás, desencanto
que en el pensamiento anida
tal vez sangre de una herida
la cruz de mi contratiempo
soñarte es el pasatiempo
de mi alma soñadora
que te busca en cada hora
y así va pasando el tiempo

Quiero que vayas conmigo
cuando la estancia profano
del oligarca tirano
que es de clase el enemigo
y es mejor si voy contigo
porque sabes convertirte
en mi verso al escribirte
cuando te miro, mujer
cuánto te puedo querer
sin atinar a decirte

Te veo en la soledad
cuando se apaga una lumbre
en la gente que a la cumbre
va en busca de la verdad
cuando grito libertad
y en cada lección te aprendo
en cada llama que enciendo
la imagen de mi poesía
donde canto cada día
lo que a diario voy sintiendo.

Cuando a punto de tocar
tras la niebla tu figura
la duda se torna oscura
y el alma empieza a temblar
porque temo apalabrar
algo que pudiera herirte
o algún poema decirte
que no has de reciprocar
y siempre vuelvo a callar
por temor quizás a oírte

Quiero escuchar rebeldía
en tus labios de mujer
porque es la razón de ser
al final de cada día
quiero que seas osadía
en los pasos del sendero
en cien metáforas quiero
saberte alta y serena
porque me darían pena
cosas que oírte no quiero

Si me ves en tu mirada
guárdame allá en la memoria
para sentirme en la gloria
cuando seas madrugada
en tu pupila abrigada
la metáfora escribirte
muy adentro repetirte
que eres mi espina y mi flor
y lo inmenso de este amor
como quisiera decirte

Te pinto en la aureola fina
del tenue sol amarillo
que en la nube esconde el brillo
al posarse en la colina
te ocultas en la neblina
del más recóndito anhelo
estás en cada desvelo
aunque en esa circunstancia
es más lejos tu distancia
que cuando contemplo el cielo

Quiero contarte el susurro
oculto en la voz callada
y el rezo en la madrugada
que en la penumbra transcurro
el suspiro al que recurro
cada vez que amaneciendo
mis ojos se quedan viendo
la angustia de tus enojos
que al fondo de aquellos ojos
tu estrella me va diciendo

Hagamos la fantasía
de algún salto en la distancia
para sentir la fragancia
cuando grites rebeldía
porque será tuya y mía
esta ruta de embelesos
aunque a veces somos presos
de algún tropiezo y quebranto
y siento en medio del llanto
como me faltan tus besos

Quiero contarte el empeño
que anima mis alegrías
la razón de mis poesías
la felicidad que sueño
así he de sentirme dueño
de la gloria de escribirte
del minuto para unirte
bajo el calor de mi manto
en la letra de este canto
como quisiera decirte

Seamos la muchedumbre
que en el camino se junta
y hacia el futuro se apunta
cuando la lucha es costumbre
porque al encender la lumbre
tan hondo en el pecho siento
la consigna que en el viento
se une con el amor
y te pido por favor
que me escuches un momento

Si un día me atrevo a hablar
y romper la incertidumbre
sobre la más alta cumbre
un verso echaré a volar
que diga "te quiero amar"
y sentir como derecho
que un abrazo es el atrecho
cuando a tu cariño acuda
todo el peso de la duda
para quitarme del pecho

A veces por la ciudad
en las paredes chorrea
un verso que deletrea
el ansia de libertad
detrás de esa realidad
el temor sigue existiendo
porque te sigo queriendo
más allá de la utopía
y quiero decirte un día
esto que me va oprimiendo

Entonces me hundo en el grito
me confundo entre la gente
y me sirve de aliciente
lo que en versos queda escrito
se une en el mismo rito
el deseo de sentirte
de tocarte sin herirte
pues no sabría qué hacer
si es que te llego a perder
como quisiera decirte

A veces la oscuridad
sobre el pueblo se derrama
parece extinguir la llama
donde brilla la verdad
y siento la soledad
sobre el polvo del sendero
es entonces que te espero
para gritar osadía
y decirle a cada día
que eres mi amor, mi lucero.

No es lo mismo caminar
por la multitud a solas
como mensaje en las olas
sin saber donde llegar
tal vez la rienda soltar
huérfano de tus consejos
que cuando andamos parejos
y la tempestad se acerca
no es igual llorarte cerca
que de sentirte tan lejos

Quiero mirarte de frente
cuando haya conspiración
y al fondo del corazón
que se sienta diferente
en cada palabra ardiente
en las causas que defiendo
en la desnudez que ardiendo
lleva el color de la miel
y si no siento tu piel
de a poco me voy muriendo

Te diré la vez aquella
que me encontré en tu mirada
y supe la madrugada
al mirar la sola estrella
la serenata más bella
cuando bajo el mismo abrigo
la soledad fue testigo
de una promesa de amor
y dije al besar la flor
que quiero que estés conmigo

Aprendemos que la vida
se hace de lucha toda
y aunque a veces incomoda
su lección jamás se olvida
se escribe de sangre herida
en la consigna del viento
en el fondo del aliento
y es sacrificio y valor
somos dos para el amor
como en un final de cuento

Todo lo que hay en mi canto
es para hacerte un poema
así usarlo como emblema
contra cualquier desencanto
si la bandera levanto
de mi tierra al escribirte
es porque no puedes irte
ya que solo no podría
porque tú eres mi alegría
como quisiera decirte

Por eso en la trayectoria
que nos marca la utopía
somos cruz y rebeldía
que tiene su propia historia
entre el pesar y la gloria
perseguimos un lucero
deshojamos el sendero
que lleva a la libertad
quiero hasta la eternidad
decirte cuánto te quiero.

CÓMO NO, SI ERAS MI TODO
(Sobre la canción "Confieso" de Kany García)

Con mis pasos por la casa
uno a uno los pasillos
los papeles amarillos
que la soledad repasa
el café tibio en la taza
el asiento de la espera
miro ventanas afuera
la lluvia vuelve a mojar
y sin poderlo evitar
veo tu foto en la nevera

Siento el rostro del rocío
que llora sobre el cristal
es la lluvia matinal
que cruza por el vacío
llega al pensamiento mío

antes que el recuerdo siembre
y que en lágrimas desmembre
sobre el rostro compungido
tu canción que nunca olvido
de aquel viaje de noviembre

Te veo sobre el asiento
y en el olor de la cama
en el fogón y su llama
y en el perfume del viento
en el fondo del aliento
en el cielo y sus esferas
en el balcón de mi espera
en el vaivén de una flor
en cada expresión de amor
descubro tus mil maneras

En la palabra que nombro
para decir tu presencia
en el pétalo y su esencia
cuando me alzabas al hombro
en tu carita de asombro
que ponías para verme
cuando solía tenderme
al sentir tus embelesos
y en tus retozos traviesos
mil maneras de quererme

En la brisa cuando pasa
en la esencia de azahar
que lleva el viento al cruzar
las hendijas de la casa
en la voz que te repasa

y de tu nombre hace alarde
en la lágrima que arde
al fondo de este dolor
en la esencia de la flor
estás como cada tarde

A cada hora del día
te pronuncia el corazón
y pulsa en su diapasón
esa misma melodía
te pienso con rebeldía
cuando al aire pronunciaba
la copla que me inspiraba
y que solía cantarte
a mi lado para amarte
hoy también te imaginaba

Voy contigo en el pasillo
y me salta el corazón
al sentirte en el balcón
de un tibio sol amarillo
te escucho en cada estribillo
cuando sobre el tiempo salta
en la consigna más alta
cuando afirmo todavía
en cada verso y poesía
que me haces tanta falta

En el grito del silencio
te busco con optimismo
y atesoro el espejismo
cuando a veces lo presencio
pues en el pecho evidencio

que habitas allí también
quiero sentir el sostén
de tu voz y tu caricia
para escuchar con delicia
decir todo va a estar bien

Veo que llegas temprano
en la risa una amapola
y llenas la estancia sola
con una flor en la mano
para tu gusto me afano
y una melodía desgarra
la rima que nos amarra
a la razón y la fe
entre sorbos de café
a escucharme en la guitarra

Cuando sentado a la mesa
hay un plato para ti
y una silla frente a mi
que tu presencia regresa
en un susurro te reza
la ilusión que hay en mi fe
que en la fantasía te ve
aunque pierda la razón
te llevo en el corazón
con tu taza de café

Si hay llovizna en el semblante
y en el corazón diluvia
es porque bajo la lluvia
fuiste arcoíris radiante
y te siento igual que antes

cuando la lluvia se va
y la nostalgia nos da
cuando despierto en el lecho
y si se me rompe el pecho
es porque tu voz no está

Te rebusco en el paisaje
y en la forma de la nube
en el pájaro que sube
en las alas de su viaje
en la neblina y su traje
cuando a la aldea se abraza
en la pareja que pasa
andando la carretera
te siento por dondequiera
y tu voz no está en la casa

Te acompaño en la arboleda
de pétalos que es alfombra
y en el jardín que te nombra
al final de la vereda
en la fragancia que queda
con la rosa que sembraste
cuando de pronto llegaste
hasta el filo del amor
y al deshojar una flor
sonreí porque me amaste

Eres la razón de todo
cuanto hay en la existencia
creo sentir tu presencia
cada vez de cualquier modo
en mi fantasía acomodo

las pupilas de tu calma
porque cada cosa empalma
se hace mezcla en el crisol
arcoíris bajo el sol
mezcla que me agarra el alma

Estás en cada rincón
cuando al llegar la mañana
una lágrima desgrana
las fibras del corazón
casi pierdo la razón
si es que no te puedo ver
inventarte es un quehacer
después de la fantasía
porque llenas de alegría
cada esquina de mi ser

Y cómo no he de pensarte
entre la certeza y duda
y hasta llegas en mi ayuda
cuando necesito amarte
si tengo que imaginarte
presente de cualquier modo
vas junto a mi codo a codo
en el beso de una risa
cuando confieso a la brisa
cómo no, si eras mi todo.

Amaneces en el trino
que se dispara en la aurora
y saltas entre la flora
por la orilla del camino
eres rayo cristalino

en el sol de mediodía
en la tarde melodía
y llegas en cada nota
te vas en una gaviota
la noche se hace más fría

En verano eres tibieza
que se siente a flor de piel
y amarillento pincel
cuando ya el otoño empieza
en invierno la terneza
que refresca sus albores
en la brisa mil olores
al llegar la primavera
y si un día no te viera
en abril se caen las flores

Cuando se escucha del viento
tu sílaba entre las ramas
y en algún susurro llamas
hasta el filo del aliento
es que en todo te presiento
más allá de la utopía
y me inventas la alegría
que penetra cada hueso
al sentir en mi embeleso
que me hablas cada día

Le doy forma a tu presencia
en cada rima que nace
y en el verso que se hace
cuando me niego a tu ausencia
si es que acudo a la demencia

para entender mis razones
para que nunca abandones
la utopía que me abrasa
es que al sentirte en la casa
me hablas en mil canciones

No sé si es psicofonía
o el afán de no extrañarte
lo que me lleva a mirarte
cada momento del día
no sé si eres la utopía
del amor que siempre estaba
el cariño no se acaba
si es como en nosotros dos
para no decirte adiós
de tarde te imaginaba

Te he buscado dondequiera
que un día nos encontramos
pequeñas cosas que amamos
en cualquier lugar que fuera
las gotas en la vidriera
un pétalo en la canasta
el pitirre sobre el asta
la esencia de aquella flor
en el fondo del amor
miro al cielo y no me basta

La forma de cada nube
la silueta de tu ausencia
la brisa con cada esencia
el vuelo de alas que sube
la lágrima que contuve

cuando mis ojos te extrañan
las cosas que me acompañan
al sentir que estás conmigo
tu nombre que siempre digo
y tus fotos que me engañan

El día cuando amanece
con su escalera de alas
el suspiro que aun exhalas
esta fantasía que crece
la rama donde se mece
el columpio donde estoy
el recuerdo con que voy
al lugar que no te olvida
siempre has de estar en mi vida
y me haces creer que hoy

Te siento en cada retozo
por las vueltas del cariño
en mis recuerdos de niño
en cada alegría que gozo
en la sonrisa que esbozo
en la llama que aún arde
cuando entre mi llanto aguarde
el recuerdo de tu asombro
y pienso cuando te nombro
que hoy me llamas en la tarde

Cómo no si eres mi todo
la más sublime ternura
la razón de esta locura
que en cada verso acomodo
vas junto a mi codo a codo

y en la ausencia te regreso
das razón a este embeleso
de mi corazón herido
como no quiero el olvido
estoy loco y lo confieso

ME ENVOLVERÁN LAS SOMBRAS

(Sobre la canción "Sombras"
de Rosario Sansores)

Siempre estarás en mi vida
cuando camino la casa
junto a la gente que pasa
y entre la yerba dormida
cuando sangre alguna herida
y más allá del olvido
en cada cosa que ha sido
en la esencia de mi ser
al alba y atardecer
y cuando tú te hayas ido

Si es que no estás algún día
tal vez no sepa qué hacer
si el tiempo retroceder
entre pena y rebeldía
construiré la fantasía
en la sílaba que nombras
la locura en que me asombras
con tu ausencia al batallar

si es que no te puedo hallar
ahí me envolverán las sombras

Vestiré de ojos mojados
y cruzaré la mañana
más allá de la ventana
por los pasos caminados
en tantos sueños alados
del ideal no rendido
pelearé con el olvido
le reclamaré a la suerte
y hasta enfrentaré a la muerte
si es cuando tú te hayas ido

Me iré por la soledad
con la forma de tu ausencia
y te buscaré en la esencia
de cualquier otra ciudad
traspasaré la verdad
saltaré las amapolas
me esconderé en sus corolas
como lo hicimos ayer
y si eso no puede ser
voy con mi dolor a solas

Cuando en la calle soleada
de nuestra pequeña aldea
una ilusión te recrea
y en la plaza estás sentada
tendré la inquieta mirada
con la que me reconcilio
así llegará en mi auxilio
cada sílaba del viento

y aun detrás del aliento
sé que evocaré ese idilio

Tú serás el embeleso
tal vez en cada plegaria
detrás de la imaginaria
esfera que aun atravieso
allí estarás en el rezo
de aquellos dioses que adoras
entre las faunas y floras
de algún extraño paisaje
junto al final de ese viaje
y de las azules horas

Te miraré en cada gente
que por la calle desanda
y junto a aquella parranda
que aún conservo en la mente
si acaso cuando te invente
sintiera que estoy perdido
con el pecho entumecido
y con la mirada mustia
te buscaré entre mi angustia
aun cuando tú te hayas ido

Si es que bajo la arboleda
allí donde caminamos
con la flor que deshojamos
por el amor que nos queda
si por la misma vereda
con que la hojarasca alfombras
y en su consigna me nombras
de la misma melodía

quizá si llega ese día
ya me envolverán las sombras

Te he de mirar en la brisa
y en la taza de café
en la foto que nos ve
del rostro en una sonrisa
en la esencia que desliza
cuando al llegar nos embriaga
en cada cosa que haga
que juntos somos los dos
en el eco de tu voz
y allá en la penumbra vaga

Te miraré en el rincón
donde al caminar la piel
entre el sudor y la miel
fuimos alma y corazón
rezo sin ser oración
ausencia que el sueño roba
cuando el universo engloba
tu silueta al extrañar
dentro del pecho al gritar
y de mi pequeña alcoba

En el tiempo que desfila
las vueltas del minutero
y sobre el paisaje fiero
que la llovizna deshila
si mojada la pupila
de la nostalgia hace alarde
aun siento el beso que arde
sobre el patio de la aurora

cuando te recuerdo ahora
es donde una tibia tarde

La vez que nos encontramos
se encendió en el firmamento
la llama de un juramento
que entre los dos nos juramos
la yerba donde acostamos
el amor que se acomoda
que a veces la huella enloda
y se hace ruta al andar
en ese mismo lugar
yo te acariciaba toda

Volaré a la estrella sola
que alta brilla en mi bandera
justo al lado de la esfera
que estalla en cada farola
iré a la flor de amapola
y con todos sus retazos
juntaré tantos pedazos
ocultos en la memoria
porque en cada nueva historia
ya te buscarán mis brazos

Te besaré en cada huella
que nos marcara el camino
y en el brillo cristalino
de la más hermosa estrella
en el farol que destella
por la charca entre la roca
en el balcón cuando evoca
su gaviota allá en la altura

donde vaya en mi locura
ahí te besará mi boca

Cuando la tarde nos grita
rayos de sol amarillo
estarás en cada brillo
que el viento en la charca agita
en cada ave que imita
de tu figura el donaire
y si acaso algún desaire
el olvido nos jugara
pondré en un sueño tu cara
y te aspiraré en el aire

La brisa al atardecer
sus mil esencias desfibra
y en cada sentido vibra
la presencia de tu ser
quisiera volverte a ver
en las horas glamorosas
cuyas flores aromosas
el amor jamás olvida
que le dio esencia a la vida
cuando aquel olor a rosas

Cuando la calle me espera
voy por la ruta tomada
al punto de la alborada
por la lumbre de la esfera
te adivino dondequiera
junto al pueblo redimido
en el grito de un latido
que vibra en cada lugar

donde te supe encontrar
y cuando tú te hayas ido

Pero si transcurre el día
y no puedo dar contigo
el recuerdo irá conmigo
vestido de fantasía
tal vez la melancolía
sienta que al aire me nombras
que de la memoria escombras
cada indicio de razón
en aquel mismo rincón
y me envolverán las sombras

Un día cuando la mano
tiemble en busca de tu piel
llevará el mismo clavel
de aquel tiempo más temprano
que el pensamiento profano
había recién encendido
y se escuchará el chasquido
que en medio del embeleso
deletreamos en un beso
aun cuando llegue el olvido

Ese día el viejo jardín
tendrá esencia de azahar
porque la brisa al pasar
te nombrará en su confín
un recuerdo en el trajín
de las hojas rumorosas
inventará tantas cosas
si acaso te puede ver

y si eso no puede ser
se marchitarán las rosas

No sé si en la fantasía
de la sílaba del viento
se resuma el sentimiento
que desgreña el alma mía
solo sé que te quería
como siempre te he querido
sé que el tiempo transcurrido
no podrá el amor vencer
aunque no te vuelva a ver
y cuando llegue el olvido

Siempre has sido ese poema
que define el universo
metáfora que en el verso
arde en el pecho y me quema
este amor es el emblema
de una pasión fervorosa
mas si el verso no desglosa
y el poema no completa
dejaré de ser poeta
y mi verso se hará prosa

Buscaré tras la neblina
que se acuesta en el paisaje
cuando le pone su traje
y el monte se difumina
por entre la lluvia fina
que sobre el llano divaga
en la tarde que se apaga
cuando la noche se allega

en el pecho que se anega
y allá en la penumbra vaga

Te rebusco en el rincón
donde cada pensamiento
se hace palabra en el viento
cuando pierdo la razón
quizá en la constelación
que en el zodiaco desova
cuando su mito se innova
en el cielo de topacio
en los lindes del espacio
o de la pequeña alcoba

Camino la fantasía
donde sé de tu regreso
en el chasquido del beso
de tus labios todavía
en cualquier lugar del día
donde tu nombre me aguarde
donde la llama que arde
de sol al atardecer
voy a aquel lugar de ayer
y donde una tibia tarde

Estarás bajo la manta
que se convierte en abrigo
cuando a tu encuentro prosigo
mientras un verso levanta
cuando la copla se canta
en la rima de una oda
en el canto del rapsoda
dedicado a ti, mujer

cuando te pude querer
y te acariciaba toda

Venero tanto la esencia
del milagro de tu amor
pues llevo la misma flor
que llevaba en tu presencia
en la forma de esta ausencia
que reniega del olvido
cuando el corazón herido
piensa que no puede ser
aun si no quieres volver
o cuando tú te hayas ido

Y me envolverá la lumbre
cuando aquella madrugada
la consigna era tonada
y voz de la muchedumbre
donde aun es mi costumbre
sentirte cuando me nombras
que de tanto amor te asombras
pero si no puede ser
visto de olvido el ayer
y me envolverán las sombras.

Hoy la vida se desglosa
entre el abrazo y la cruz
entre la sombra y la luz
desde el verso hasta la prosa
entre la espina y la rosa
el átomo y universo
entre el anverso y reverso
entre locura y razón

así va este corazón
entre antónimos inmerso

Voy así entre noche y día
soledad y muchedumbre
entre la tiniebla y lumbre
realidad o fantasía
por la pena y la alegría
entre el nada y la existencia
para sentir tu presencia
que se esconde o que se asoma
desde la hondura a la loma
y en la forma de tu ausencia

RUISEÑOR

"Vi cantar a un ruiseñor
en las ramas de un tintillo
me acerqué como un chiquillo
al pajarillo cantor."
(La muerte del ruiseñor, Luis Miranda)

Cuando la aldea amanece
al son de una serenata
y mil agujas de plata
llegan con la lluvia y crece
la esperanza que se mece
en el vaivén de la flor,
el milagro del amor
rompe la cruz del encierro

y sobre el moño de un cerro
vi cantar a un ruiseñor.

Su canción es diferente
porque dice bienandanza
que en la brisa se hace danza
y esperanza entre la gente,
latir en cada simiente
que bajo el sol amarillo
en las manos lleva el brillo
del trabajo y el sudor
como pájaro cantor
en las ramas de un tintillo.

Cuando vi el afán de lumbre
en la flor de su consigna
por una vida más digna
repetir la muchedumbre
para llegar a la cumbre
junto a mi pueblo sencillo,
al encenderse el anillo
de un arcoíris triunfal,
a ese hermoso festival
me acerqué como un chiquillo.

Quiso la copla rimar
ante esa visión que nombro
y en el verso de un asombro
se vio una estrella brillar
vestida de monte y mar,
de cielo, infinito y flor
como resumen de amor
que flota sobre el paisaje

para rendir homenaje
al pajarillo cantor.

UN CANTO DE REBELDÍA

Somos la gente bravía
que escribe su propia historia
con el pincel de la gloria
y un canto de rebeldía.

Desde aquel grito primero
que en tiempos de Agueybaná
pintó lo que un día será
la historia del pueblo entero
cuando trazara el sendero
impregnado de osadía
y escribiera valentía
al fondo de la conciencia
que en la lucha y resistencia
somos la gente bravía.

Somos la voz que resume
aquel grito cimarrón
para decir rebelión
que en cada rincón se asume
cuando el ansia te consume
de encontrar la trayectoria
sin pausa ni moratoria
que a pesar de los azares
siempre es grito igual que Lares

que escribe su propia historia.

Somos un pueblo que canta
por la más digna lección
donde el ambiente es razón
que en su consigna levanta
y en la mujer se agiganta
como ingente trayectoria
que en la obrera ejecutoria
como amapola que estalla
da color a la batalla
con el pincel de la gloria.

Así somos muchedumbre
que ante aquel yugo imperial
enarbola el ideal
que se convierte en costumbre
para subir a la cumbre
vestido de algarabía
mi pueblo es gente bravía
que dará a la humanidad
un himno de libertad
y un canto de rebeldía.

ESPÉRAME EN EL CIELO

Espérame en el cielo corazón
si es que te vas primero
espérame en el cielo corazón
para empezar de nuevo

y entre nubes de algodón
haremos nuestro nido
(Espérame en el cielo, Francisco López Vidal)

Cuando nos llegue la ausencia
en el aire que respiro
recogeré en un suspiro
la ilusión de tu presencia
más allá de la existencia
serás lumbre en mi desvelo
el asomo de un anhelo
en mi verso al recitar
cuando nos toque marchar
espérame allá en el cielo

Te quedarás en la risa
pintada de amanecer
que es cotidiano quehacer
en el flujo de la brisa
en la canción que sin prisa
nos regala aquel jilguero
en las flores del sendero
o en el capullo que estalla
y en cada lucha y batalla
si es que te marchas primero

Estarás en la tibieza
de la piel que te respira
en el verso que se inspira
para cantar tu belleza
en la caricia que empieza
al fondo del corazón
en la nota y diapasón

de mi bohemia guitarra
cuando el cielo se desgarra
y entre nubes de algodón.

De mi parte iré en la lumbre
que arde en mi estrella sola
y en la encendida amapola
que es consigna y muchedumbre
porque tú eres la costumbre
que cada día renuevo
para estar contigo elevo
la rima de mi quebranto
para cubrirme en tu manto
y para empezar de nuevo

Voy a borrar la distancia
entre la vida y la muerte
porque ya aprendí a quererte
no importa la circunstancia
estás en la militancia
de mi pueblo y mi nación
sobre cualquier sinrazón
allá en la otra frontera
donde la suerte nos quiera
espérame corazón.

Eres palabra que nombro
al caminar cada día
para buscar la utopía
con nuestra mochila al hombro
somos parte del asombro
que ante nada se ha rendido
combatimos el olvido

con la lucha y la memoria
y un pueblo estará en la historia
donde haremos nuestro nido

VENTE AÑOS ATRÁS

Tú me quisieras lo mismo
que veinte años atrás
con qué tristeza miramos
un amor que se nos va
          (Veinte años atrás, Guillermina de Aramburu)

Nos queremos sobre todo
más allá de la razón
no importa la condición
la circunstancia o el modo
hombro a hombro y codo a codo
más allá del hondo abismo
te quiero con optimismo
aunque el tiempo se nos fue
todavía quisiera que
tú me quisieras lo mismo

Sé que hubo sinsabores
a veces fui flor de espina
pero cada día camina
su afán de tiempos mejores
cuando al deshojar las flores
hay una que quise más
ahora pienso que quizás

contigo fui flor de abismo
pero te amo lo mismo
que veinte años atrás

Tal vez lo que pudo ser
no supimos cultivar
y soñamos regresar
en los pasos del ayer
lo que no puede volver
aquello que no logramos
en silencio lo lloramos
puesto que así es el destino
y aquel punto en el camino
con qué tristeza miramos

Sin saberlo, la neblina
nos disolvió la presencia
y en la forma de tu ausencia
solo el recuerdo camina
los ojos de lluvia fina
saben que no vuelves ya
pero el corazón está
siempre en el mismo lugar
por si vuelve a regresar
un amor que se nos va

UN CUENTO PARA MI NIÑA

(Basado en las estrofas 1, 2 y 4 de
"La niña de Guatemala", de José Martí)

Si he de contar una historia
que sea una historia de amor
como aquel libertador
que marcó una trayectoria
cuando al vestirse de gloria
hizo del verso una bala
cuando en cada hazaña iguala
el valor con su talento
como él decirte un cuento
quiero a la sombra de un ala

No sé si fábula o mito,
o es verídica su historia
tal vez mezcló en la memoria
la realidad con el rito
pero nos legó un escrito
que resume un gran amor
en la espada o en la flor
siempre mostró su elegancia
quiero en otra circunstancia
contar este cuento en flor

Es mi niña de otro lar
donde cantan los coquíes
y se abren los alhelíes
de esencia crepuscular
hoy he venido a contar
un verso que el pecho exhala
cuando la colina escala

mi niña de cuando en vez
que en mi cuento ya no es
la niña de Guatemala

La que retoza en la brisa
marionetas y cabriolas
o es botella que en las olas
va en el vaivén de la risa
mi niña no lleva prisa
es verso multicolor
mariposa en cada flor
en el patio de mi aldea
y no quisiera que sea
la que se murió de amor.

El día que supe de ella
el sueño se hizo costumbre
y en los ojos una lumbre
se alzó del cielo su estrella
en mi tierra esclava y bella
la copla nueva cantamos
cuando en el jardín echamos
el sueño de un sembrador
y en esa noche de amor
eran de lirios los ramos

Pensamos entretejer
para su cuerpo un ajuar
que pudiera resaltar
su consigna de mujer
lo que ella quisiera ser
es decir lo que ella pueda
la que ande en la vereda

mientras su pelo desata
aunque no haya hilos de plata
y las orlas de reseda

Inventamos mil semillas
de savia y de trinitarias
tantas flores proletarias
blancas, rojas, amarillas
las flores eran sencillas
y cuando al campo llegamos
las mil semillas sembramos:
de orquídea, de pomarrosa
de miramelinda y rosa
y de jazmín la enterramos.

De cundeamor y amapola,
de clavel y margarita
y la estrella más bonita
para que flotara sola
un tiesto de caracola
pusimos en la vereda
junto a la puerta que queda
al lado de la alegría
y sembramos la utopía
en una caja de seda

Con un beso en la mejilla
se despidió hacia la calle
con su afán en el detalle
de llegar a la otra orilla
marchar con gente sencilla
por la calle donde andas
al grito de cien demandas

que se toman por asalto
y aquella pancarta en alto
iban cargándola en andas

Aquella tarde de mayo
se rompió el aburrimiento
y monto el furioso viento
de cada consigna el rayo
en su caverna un desmayo
sintieron los opresores
cuando los trabajadores
gritaron de rebeldía
y temblaron aquel día
obispos y embajadores

Mi niña fue muchedumbre
de la angustia acumulada
que busca en la madrugada
brillos de encendida lumbre
y que se haga costumbre
el sueño con el que andas
el fuego con el que ablandas
al déspota abusador
al frente mi niña en flor
detrás iba el pueblo en tandas

En la tarde al regresar
bordeando la carretera
vi la silueta certera
de la niña al caminar
siempre la habré de esperar
con mis cánticos mejores
con mis versos soñadores

y acunarla en el regazo
para ofrecerle un abrazo
todo cargado de flores

Quise contar una historia
que desde niño leí
de la pluma de Martí
soldado de inmensa gloria
aun conservo en la memoria
su verso de alto calibre
quiero que su canto vibre
por si mi niña lo escucha
diga en su historia de lucha
¡Viva Puerto Rico libre!

AGUJEROS

Aquel oscuro agujero
que la galaxia amenaza
cuando se traga la masa
que se acerca a su lindero
la atrae hacia el punto cero
con fuerza casi invencible
al ojo humano invisible
si traspasa la frontera
y absorbe cualquier esfera
aunque parezca imposible

El hoyo supermasivo
centro de cada galaxia

que aunque simule ataraxia
es coloso destructivo
de poder tan intensivo
que es de todos el primero
gigantesco sumidero
intensa brecha abismal
del espacio sideral
aquel oscuro agujero

Hay fuerzas tan colosales
que se miran frente a frente
desde la energía silente
a explosiones siderales
las distancias abismales
la atracción entre la masa
la esfera que se desplaza
pues todo está en movimiento
maravilloso portento
que la galaxia amenaza

En los que son estelares
colapsan, mueren estrellas
existen millones de ellas
en galaxias singulares
son indicios siderales
de alguna fuerza que arrasa
como colosal tenaza
que nada se le resiste
pero se sabe que existe
cuando se traga la masa

Esa gravedad que asedia
con su incógnita abismal

y en el marco sideral
nos reviste de tragedia
los hay de masa intermedia
y también microagujeros
son los misterios certeros
que la fantasía desglosa
y que absorben cada cosa
que se acerca a su lindero

En su insondabilidad
promueven la teoría
y también la fantasía
que teje la humanidad
es su singularidad
de la materia el rasero
si algo traspasa su alero
espacio y tiempo varía
luz, materia o energía
la atrae hacia el punto cero

El supermasivo centro
en cada galaxia son
con círculo de acresión
y quásares desde adentro
al describirlos concentro
lo que en un verso es posible
en ellos se hace invisible
lo que cruza la frontera
pues el misterio le espera
con fuerza casi invencible

Agujero antimateria
a veces se le ha nombrado

pues su incógnita ha causado
con razón miedo e histeria
sea energía o materia
hasta lo que no es posible
no es algo que sea entendible
aun no existe explicación
y en su periferia son
al ojo humano invisible

El misterioso universo
donde la imaginación
adapta la explicación
en la sinrazón inmerso
si se resuelve en un verso
que en la metáfora espera
pues cualquier cosa que fuera
en un poema se labra
la fuerza de la palabra
si traspasa la frontera

El espacio es infinito
hacia todos los extremos
ya ínfimos o supremos
donde solo existe un hito
el átomo es pequeñito
mas si en él me sumergiera
por más pequeño que fuera
aunque nos luzca increíble
en la idea todo es posible
y absorbe cualquier esfera

Lo mismo ocurre en la inmensa
molécula universal

lo que hay después del final
solo aquello que se piensa
la imaginación destrenza
cualquier cosa inaccesible
no hay nada que sea increíble
aun lo que no se adivina
en ningún lugar termina
aunque parezca imposible

CANTAR LAS VERDADES
(Canción "Las cuarenta" de Francisco Gorrindo)

El tiempo no pasa en vano
y tal vez sin darnos cuenta
un día se nos enfrenta
ya sea tarde o temprano
por eso es que mano a mano
hay que sostener la brida
cicatrizar cada herida
a veces sin aliciente
pero siempre andar de frente
con el pucho de la vida

Soy de un pueblito pequeño
donde corrió mi niñez
y me pinceló la tez
en los matices de un sueño
a veces no puse empeño
en el rumbo de mis pasos
hubo alboradas y ocasos

porque así es que se camina
con un pétalo o espina
apreta'o entre los brazos

Vi pasar a tanta gente
por las rutas de la aldea
junto al río que serpea
entre remanso y corriente
con un sueño tras la frente
revestido de osadía
otras veces se perdía
más allá del desencanto
y susurraba algún canto
la mirada turbia y fría.

Contemplé lleno de asombro
la huella del desamparo
del poderoso el descaro
pesar sobre cada hombro
vi convertirse en escombro
la tonada de un cantar
vi la noche taladrar
el sueño que alguien llevaba
y al final solo quedaba
un poco lento el andar

Vi un pueblo que entretenido
a son de bebida y feria
echaban a la miseria
o le inyectaban olvido
vi al hombre que desvalido
lleva en su pecho un desgarro
dejar su huella en el barro

rayando el oscurecer
cuando al final sin querer
dobló la esquina del barrio

Tal vez perdido el camino
no pudo hallar la cordura
o la noche estaba oscura
como a veces el destino
la pena le sobrevino
entre tantos desacuerdos
en este mundo de cuerdos
cuya sordidez nos toca
cuando la mente se troca
y es curda ya de recuerdos.

Trataba de vez en cuando
de enderezar la vereda
con la copla que nos queda
para seguir caminando
porque la ruta cantando
pone el ánimo sereno
aunque el corazón va lleno
de penas y desengaños
nos van pasando los años
como volcando un veneno

Entre paso y muchedumbre
vi perder la compostura
a un hombre que con bravura
domesticó la costumbre
lo vi mirar a la cumbre
la pendiente repechar
la cruz al hombro cargar

y apelar a la razón
y allá desde el corazón
esto se le oyó cantar:

Eché un barco de papel
en la charca de mi empeño
para llegar hasta el sueño
de una flor en el vergel
¡cuanto diera por aquel
barquichuelo del cotarro
o por la huella en el barro
que dejó mi pie desnudo
y en mi pecho se hace un nudo
vieja calle de mi barrio!

Ahora que regreso al nido
tras una arruga en el tiempo
se agrupan sin contratiempo
los años sin hacer ruido
sin que lograra el olvido
aun tan cerca del ocaso
vuelvo a levantar el vaso
y un poema se desgarra
para ir junto a mi guitarra
donde he dado el primer paso

Luego de seguir la estrella
que aun quisiera alcanzar
tras intenso batallar
por mi tierra esclava y bella
con el surco de una huella
y una arruga en el abrazo
te vuelvo a ofrecer el brazo

sin más afanes ni gozos
con la herida en mis retozos
vuelvo a vos cansado el mazo

Sé que es muy ancho el planeta
y hay rutas de inmensidad
y que nunca la verdad
se halla de forma completa
con la mochila repleta
de versos por recitar
con mil coplas que cantar
quiero regresar al nido
y lucho con el olvido
en inútil barajar

Fue un día color de rosa
que me alejé de la estancia
y fui sembrando distancia
que ahora la pupila acosa
y en décimas se desglosa
mientras la pena desecho
tratando de andar derecho
para alcanzar la utopía
aunque vaya todavía
con una daga en el pecho

Aun recuerdo aquel cometa
sobre las piedras del río
y el trinar recio y bravío
del pitirre y su silueta
entre cabriola y pirueta
sin entregas ni fracasos
hoy retomo aquellos pasos

porque añoro la niñez
aunque regrese esta vez
con mi sueño hecho pedazos

Llevaba la frente erguida
en la mente el embeleso
en los labios sentí el beso
de los goces de la vida
con la mirada aguerrida
nunca imaginé el ocaso
una ilusión bajo el brazo
y en el pecho la razón
en la mano el corazón
que se rompió en un abrazo

Emprendí tanta batalla
por los pobres de la tierra
lanzando el grito de guerra
como amapola que estalla
contra el burgués y el canalla
en pos de la libertad
con la solidaridad
que ahora en el verso anida
y muy honda está la herida
que me diera la verdad

La ruta fue mi maestra
cada día una lección
la palabra en cada acción
como cada herida muestra
vencí la muerte siniestra
con el ánimo sereno
la injusticia que condeno

era la razón de ser
y en el afán de aprender
aprendí todo lo bueno

No siempre fue tan sencillo
el denuedo y el arrojo
andar entre tanto abrojo
buscar tras la niebla el brillo
lejano el sol amarillo
no siempre me dio su halo
jamás le pedí un regalo
a la ruta de la vida
cuando al sangrar tanta herida
aprendí todo lo malo

Sé de aquel altar profano
y de la horrible inclemencia
que yace en la indiferencia
y nadie te da la mano
del atropello inhumano
cuando la maldad te arrostra
o te quiere echar en contra
la justicia y la verdad
también en la soledad
sé del beso que se compra

Pero también he sabido
de la risa y el descanso
de la charca y el remanso
en la tibieza de un nido
cuando vuelve quien se ha ido
y jamás nunca se va
cuando perdona quien ya

reconoce algún error
y en el fondo del amor
sé del beso que se da

Sé del abrazo sincero
en las vueltas que da el mundo
y del cariño profundo
que a veces nos da un "te quiero"
del manantial lisonjero
o de la espiga y el trigo
de la manta y el abrigo
que te ofrece algún hermano
y el apretón en la mano
del amigo que es amigo

También se aprende a encontrar
siempre aquel falso profeta
con cuya afrenta te reta
la traición para engañar
se aprende a no confiar
en la falsedad que arenga
a identificar quien venga
desde alguna extraña orilla
con el beso en la mejilla
siempre y cuando le convenga

Tantas veces la mentira
te quiere comprar el alma
para arrebatar la calma
del aire que se respira
sé que la maldad conspira
cuando su pasión desata
o se va de serenata

junto al rico y su ignominia
para ponerte su insignia
y sé que con mucha plata

Hay que tener valentía
ante las falsas veredas
y por sus treinta monedas
nunca vender la utopía
ser la defensa bravía
del ideal que jamás
se puede dejar atrás
porque es nuestra la consigna
que por una vida digna
uno vale mucho más

Por lo justo batallar
ante cualquier escenario
sentir como escapulario
en los labios un cantar
siempre adelante llevar
la frente alta y erguida
como lección aprendida
el sueño hay que perseguir
y se puede conseguir
aprendí que en esta vida

Tantas lecciones ofrece
la huella de la experiencia
hasta sembrar la conciencia
cuando la injusticia crece
y en la queja que florece
mientras los labios imploran
la felicidad que añoran

un día poder lograr
en la vida al caminar
hay que llorar si otros lloran

Si se sufre hay que seguir,
si no se sufre también
y aunque nos queme la sien
en la lucha todo es ir
y cada día exigir
que la esperanza nos guíe
que el paso no se extravíe
en la ruta de la gente
aun si nos arde la frente
y si la murga se ríe

Quizás nos duela la suerte
o se nos nuble el camino
cuando te hiera el destino
o nos acose la muerte
aun cuando no despierte
la gente en su devenir
el llanto hay que convertir
en manantial de agua pura
que aun ante la amargura
uno se debe reír

Cuando comienza a llover
y el cielo es oscuro manto
o te arropa el desencanto
queda mucho por hacer
cuando te quieren vencer
con su lanza en el costado
o digan que lo obligado

es rendir tu dignidad
esa posibilidad
no pensar ni equivocado

Ya sé que a veces la noche
nos baña de oscuridad
o se esconde la verdad
detrás del más férreo broche
la suerte sigue en su coche
y el más perverso se exhibe
pero el principio prohíbe
rendirse ante un mal presagio
que más nunca sea tu adagio
¿para qué si igual se vive?

La fiera que agazapada
nos mira en la oscuridad
quiere nuestra soledad
que de tanto anda cansada
para atacar desbocada
y ante eso siempre arriesgo
que la copla tome el sesgo
de que no fluya este canto
te expones a otro quebranto
y además corres el riesgo

En cada crucifixión
aun con la pesada cruz
se ocultan signos de luz
que alivian el corazón
sin que le interpretación
de alguien que sea tan vil
proyecte que eres servil

ante el déspota insensible
tal confusión es posible
y que te bauticen gil

Esa verdad la he vivido
en alguna circunstancia
se confunde la elegancia
con la sumisión u olvido
por eso cuando ha ocurrido
que he sido parco y sereno
aquí o en cualquier terreno
a veces me han maltratado
como ocurrió en el pasado
la vez que quise ser bueno

Cuando entregué lo mejor
y les traté como hermano
hallé cerrada la mano
y no le dieron valor
cuando insistí con candor
ante aquellos que me hirieron
que mis manos insistieron
en alargarle mi brazo
y darle el mejor abrazo
en la cara se me rieron

He sabido el desamparo
de los buenos de este mundo
y el angustioso y profundo
dolor que causa el avaro
hay que enfrentar sin reparo
del rico tanta inmundicia
la batalla es vitalicia

aunque quieran acallarme
como hizo aquel gendarme
cuando grité una injusticia

A veces el espejismo
deslumbra con su falsía
aun a plena luz del día
te convence del abismo
te vuelca contra ti mismo
y hace del lodo un altar
cuando pude descifrar
que te quieren invisible
y luché hasta lo imposible
la fuerza me hizo callar

La mochila sobre el hombro
me levanté ante el destino
emprendí el largo camino
en la punta de un asombro
cuando la utopía que nombro
me hizo seguir adelante
la lucha fue una constante
quise caminar derecho
y cada noche en el lecho
la esperanza fue mi amante

Algún día la decepción
fue piedra de algún tropiezo
sentí en la mejilla el beso
que me enseño la traición
y anduvo la sinrazón
de vez en cuando conmigo
la tibieza de su abrigo

a veces era una farsa
la amistad una comparsa
el desengaño mi amigo

A veces sobre la mesa
me echaron cartas marcadas
la suerte sentí cargada
por la angustia que no cesa
la atadura que te apresa
y la trampa una tras otra
más la honradez no se compra
si el principio es la verdad
pues yo sé que en realidad
cada carta tiene contra

Es la ley de los contrarios
que habita con la natura
y es parte de la cultura
junto a los afanes diarios
en todos los escenarios
hay algo que siempre está
y es que en cada paso va
el anverso y el reverso
es la ley del universo
y cada contra se da

La vida es contradictoria
tiene cumbre y hondonada
anochecer y alborada
es eterna y transitoria
va del infierno a la gloria
tiene cumbre y tiene abismo
la calma después del sismo

ya no sé ni en qué creer
tal vez de tanto caer
hoy no creo ni en mi mismo

Quienes han hecho la historia
llegan hasta lo imposible
mas se pinta de invisible
la luz de su ejecutoria
el poder se vanagloria
de llevarlos al cadalso
tal vez por eso realzo
que el rico en su proceder
como suele suceder
todo es truco, todo es falso

El rico es tal porque expropia
al pobre vida y sudor
es un vil depredador
que de lo ajeno se apropia
deja a cualquiera en la inopia
sin tener un sobresalto
toma todo por asalto
aun lo que no puede ser
porque es quien tiene el poder
y aquel, el que está más alto

La burguesía golosa
todo se quiere apropiar
y la riqueza es altar
que en cada lugar te acosa
la verdad es otra cosa
que se va dejando atrás
y al que menos y al que más

lo mata la indiferencia
y si no tiene conciencia
es igual a los demás

En esta cruel sociedad
cuando dicen democracia
ser pobre es una desgracia,
discrimen e impunidad
si alguien dice esta verdad
se le va dejando aparte
tal vez intenten comprarte
porque todo aquí se vende
y si esa lección se aprende
por eso no ha de extrañarte

Por eso cae cualquiera
o se abandona el empeño
a veces se muere un sueño
o la soledad te espera
no es que repetir yo quiera
cuando en el verso remacho
que la vida es un muchacho
detrás de la soledad
que nos cante la verdad
si alguna noche borracho

Por eso si un día te asombra
mirarme triste y deshecho
alejado y roto el pecho
o la tristeza me nombra
o me acompaña una sombra
que al cuello me tira el lazo
te pido darme un abrazo

dime que la vida es buena
si al compás de alguna pena
me vieras pasar de brazo

Quiero cantarle a la vida
al cotidiano quehacer
que en el hombre y la mujer
son afán que no se olvida
y que en lo profundo anida
del himno que hay que cantar
hacer camino al andar
como en esta glosa ves
pues la indiferencia es
con quien no debo pasar.

Al terminar esta glosa
para que lo sepa el mundo
en un suspiro profundo
por esta tierra preciosa
consigno entre verso y rosa
que en la mañana revienta
que si p'al rico es afrenta
luchar por la libertad
y defender la verdad:
yo le canto las cuarenta.

GUANÍN

Porque me pusiste al pecho
este guanín relumbrante,
he de andar, el hacha en mano,
y la muerte por delante.
Mano que unciste a mi cuello
el guanín del batallar:
con mi cemí, con mi flecha,
¡conmigo te enterrarán!
(Guanín, Juan Antonio Corretjer)

Desde el pueblo originario
en los hilos de la historia
se hilvana la trayectoria
que es tejido milenario
del hondo afán libertario
afirmado en cada hecho
pues ser libre es un derecho
que guía a la humanidad
y el guanín de esa verdad
porque me pusiste al pecho

Porque me pusiste al pecho
el latido que se escucha
y la vida es toda lucha
aunque el camino sea estrecho
a veces sin más atrecho
que el ideal por delante
y la estrella rutilante
por la libertad que añoro
porque es el mayor tesoro
este guanín relumbrante

Este guanín relumbrante
colgado del corazón
que pinta de redención
a mi pueblo caminante
cuando el andar es constante
y su quehacer cotidiano
desde el paisaje antillano
jardín de la humanidad
porque hacia la libertad
he de andar, el hacha en mano

He de andar, el hacha en mano
desde esta misma trinchera
en lo alto la bandera
de aquel grito betanciano
cada pueblo es artesano
del paso a paso restante
por la vida militante
cuando una amapola estalla
lleva un verso, una metralla
y la muerte por delante

Y la muerte por delante
que si ocurre no es derrota
pues por cada héroe brota
una estrella más radiante
que en el cielo rutilante
del guanín es un destello
al resumir todo aquello
que en la vida nos redime
y es del pueblo la sublime
mano que unciste a mi cuello

Mano que unciste a mi cuello
el himno que Lola canta
cuando la voz se levanta
en el cántico más bello
que en la frente pone el sello
como rezo ante el altar
porque patria es caminar
la ruta de un pueblo libre
para que en el pecho vibre
el guanín del batallar

El guanín del batallar:
con la estrella solitaria
con el ansia libertaria
con el pitirre al volar
con el ansia de llegar
con la utopía ya hecha
con la esperanza derecha
con la mano que construye
con el pueblo que no huye
con mi cemí, con mi flecha

Con mi cemí, con mi flecha
que del pueblo originario
resume el alto ideario
ante el déspota que acecha
si alguien sucumbe en la brecha
otros se levantarán
y el día celebrarán
que ser libre es un derecho
mas si un día calla mi pecho
conmigo te enterrarán.

ALBORADA

Ya está el lucero del alba
encimita del palmar
como horquilla de cristal
en el moño de una palma
hacia él vuela mi alma
buscándote en el vacío
si también de tu bohío
lo estuvieras tú mirando
ahora se estarían besando
tu pensamiento y el mío
(Alborada, Luis Lloréns Torres)

Del paraíso un ensayo
este minuto parece
mientras el campo amanece
cuando el sol canta en mi gallo
y la punta de su rayo
sobre la tiniebla escarba
alguna nube se salva
recostada al horizonte
y en el dibujo del monte
ya está el lucero del alba

De plata viste el rocío
la esperanza en cada hoja
y un arcoíris deshoja
sobre las aguas del río
que cruza por Comerío
en su camino a la mar
el pitirre en su trinar
sobre el paisaje se sube

moja su puñal de nube
encimita del palmar

En el astro se adivina
el pincel de la mañana
cada lumbre que desgrana
es un trazo en la colina
y parece la neblina
del monte su delantal
es una ofrenda floral
su trenza de enredaderas
que adorna con mil goteras
como horquilla de cristal

Es puñal de lejanía
que dialoga con la luna
y madrugada montuna
que adorna la tierra mía
puntada de serranía
cuando el manto de su calma
nos va revistiendo el alma
con el más hermoso traje
pone su broche el paisaje
en el moño de una palma

Lucero que a veces posa
sobre el firmamento azul
borda un triángulo de tul
para mi tierra preciosa
y en la mañana desglosa
sus rayos sobre la calma
cuando lo ideal se empalma
al confín del universo

y galopando en un verso
hacia él vuela mi alma

Contemplo esa estrella sola
que es patria, amante y mujer
trilogía que en mi ser
en un verso se acrisola
como celestial farola
que al vestirse de cantío
en el pitirre bravío
quiere el espacio surcar
para poderte alcanzar
buscándote en el vacío

Si a esa hora temprana
eres parte del encanto
y en el trino de otro canto
ya despiertas la mañana
si tu pupila engalana
del paisaje su atavío
si en las gotas del rocío
te atreves a galopar
tal vez me quieras pensar
si también de tu bohío

El lucero, cuando aclara
escucha que al fin te nombro
y el alba viste de asombro
cuando se mira en tu cara
tus pupilas de agua clara
parece que van volando
sin saber cómo ni cuándo
posan en mi corazón

como si desde el balcón
lo estuvieras tú mirando

Sobre la tiniebla rota
en el sorbo de café
cuando el lucero se ve
y en el alba se alborota
si el pitirre con su nota
al cielo se alza volando
nuestros labios musitando
la sílaba de un te quiero
en el beso más sincero
ahora se estarían besando

Cuando canta el ruiseñor
y despiertan dos amantes
aun en lugares distantes
quieren hacer el amor
como el perfume y la flor
usando el libre albedrío
se bañan con el rocío
en la silueta del monte
se junta en el horizonte
tu pensamiento y el mío

ATARDECE

*Una gaviota al volar
apuñala el horizonte
y la silueta del monte*

se detiene a descansar
la brisa vuelve a soplar
el perfume de su aliento
cuando en el balcón me siento
mientras las ramas ondulan
y parece que copulan
en las hamacas del viento

Luego de cruzar el día
por el lago del sudor
el paisaje del amor
se refugia en mi utopía
rebusco en la algarabía
del hermoso astro solar
cuando se pone a pintar
los colores de su hoguera
mientras la distancia espera
una gaviota al volar.

Gaviota de vidrios rotos
en el cristal de sus alas
mientras un suspiro exhalas
por los espacios ignotos
de su presencia devotos
para que el verso desmonte
y en metáforas confronte
tan hermoso festival
que en su consigna triunfal
apuñala el horizonte

La tarde está hecha de cantos
de sol, sonrisa y destello
resume todo lo bello

del paisaje y sus encantos
de la tibieza y sus mantos
de un pedazo de horizonte
la golondrina, el sinsonte
de mil aves al trinar
un perfume de azahar
y la silueta del monte

Hora en que todo conspira
para rimar la belleza
y del amor la tibieza
en el rincón se respira
cuando en la charca se mira
la hora crepuscular
un beso vuelve a sonar
en medio de esa batalla
que cuando el amor estalla
se detiene a descansar

El minuto en su remanso
la respiración detiene
la pupila se entretiene
en pos del paisaje manso
mientras el suspiro amanso
antes de la noche entrar
quiere el viento retozar
su columpio de amapolas
entre esencias y cabriolas
la brisa vuelve a soplar

Las flores del naranjal
conspiran con los jazmines
y de todos los confines

la tarde es un festival
es la fragancia esencial
que cabalga con el viento
cuando aflora el sentimiento
consignas de cundeamor
y nos regala una flor
el perfume de su aliento

Llega la hora sencilla
por donde la llama arde
que en la hoguera de la tarde
es jardín de maravilla
la pincelada amarilla
pone en los ojos su acento
para gozar el evento
todo detiene su paso
la tarde me da su abrazo
cuando en el balcón me siento

La maleza es una danza
un homenaje a la vida
así la pena se olvida
al vestirse de esperanza
de utopía que se alcanza
de país donde se emulan
los principios que regulan
el derecho a la alegría
y la belleza es orgía
mientras las ramas ondulan

Todo es abrazo y tibieza
felicidad y embeleso
y en el chasquido de un beso

se resume la belleza
es cuando el amor empieza
y las ansias se acumulan
el movimiento simulan
en el ritmo del paisaje
se ponen el mismo traje
y parece que copulan

Somos un soplo de vida
estallido de esperanza
lo que algún día se alcanza
si la memoria no olvida
que en la lucha siempre anida
la flor del último aliento
el más enérgico acento
que resume este cantar
lo habremos de celebrar
en las hamacas del viento

EN LAS HAMACAS DEL VIENTO

Una gaviota al volar
apuñala el horizonte
y la silueta del monte
se detiene a descansar
la brisa vuelve a soplar
el perfume de su aliento
cuando en el balcón me siento
mientras las ramas ondulan
y parece que copulan

en las hamacas del viento

Un sol desgreña el paisaje
en la hoguera de sus rayos
y la maleza en mil sayos
viste de holgura el ramaje
cambia el día su ropaje
para irse a descansar
parece el ave rayar
un dibujo en la distancia
se mueve con elegancia
una gaviota al volar

Es de cristales el brillo
como un misterio quebrados
que se vierten derramados
sobre el silencio amarillo
el cristal se hace cuchillo
vestido de polizonte
espera que el sol desmonte
de la nube agazapada
y sin esperar más nada
apuñala el horizonte

Lo miran desde un asombro
por un lado el tibio sol
el fantástico arrebol
que lleva el iris al hombro
ese milagro que nombro
el trinar de algún sinsonte
la noche cuando confronte
la contradicción del día
el alma de mi poesía

y la silueta del monte

Estampa y sutil reposo
de la celestial arcilla
donde el alma se arrodilla
como ante un altar precioso
de lo divino un esbozo
minuto crepuscular
donde se intenta posar
la idea del paraíso
que en el minuto preciso
se detiene a descansar

El universo calibra
la órbita de la esfera
la transición de la espera
y en cada sentido vibra
hasta la íntima fibra
se adentra el guiño estelar
y va trazando al volar
su rasgo la golondrina
mientras por cada colina
la brisa vuelve a soplar

Cada pétalo conspira
el azahar y la rosa
el jazmín que es olorosa
fragancia que se respira
esencia que el verso inspira
cuya sílaba presiento
donde habita el fundamento
de la rima sideral
y completa el festival

el perfume de su aliento

Voy tropezando la piel
cuyo umbral es la caricia
y la tibieza delicia
untada de sal y miel
cuando al cruzar el dintel
sobre la lira del viento
pone al paisaje su acento
la silueta de una casa
donde el cariño me abraza
cuando en el balcón me siento

Cobra vida el escenario
del átomo sideral
que es remanso universal
luego del trabajo diario
las hojas su abecedario
de metáforas coagulan
los pétalos gesticulan
del sol una margarita
y el amor se precipita
mientras las ramas ondulan

Todo vibra en sintonía
del paisaje universal
no existe ni bien ni mal
en la colosal orgía
la maleza es celosía
mientras las ansias tripulan
las pasiones que circulan
por los átomos del aire
cuando vibran con donaire

y parece que copulan

El infinito es poema
cada cosa es su palabra
en cuya letra se labra
la canción de su fonema
la vida es su rima extrema
y es amor el sentimiento
que un beso marca en su acento
cuando la tarde se amansa
y nos pinta la esperanza
en las hamacas del viento

EL TORO Y LA LUNA

"La luna se está peinando
en los espejos del río
y un toro la está mirando
entre la yerba escondío"

Sale alegre la mañana
la luna escapa del río
el toro se mete al agua
y embiste al ver que se ha ío
(El toro y la luna, de Carlos Castellanos,
interpretada por Juan Legido)

Miro la noche temprana
en las gotas de rocío
por el remanso del río

la llovizna se desgrana
la terrestre palangana
el paisaje va enjuagando
donde los coquíes cantando
inventan su serenata
y sobre el río de plata
la luna se está peinando

En celestial parpadeo
titilan tantas estrellas
y una fantasía con ellas
abro los ojos y veo
tatuar la estampa deseo
de los montes y el plantío
del paisaje y su atavío
donde todo fluye en calma
y se dibuja mi alma
en los espejos del río

Sin que ella se dé cuenta
lentamente, con sigilo
en algún verso destilo
la metáfora sedienta
que tal fantasía alienta
con la magia coqueteando
como si de contrabando
desde la sombra callada
con su redonda mirada
un toro la está mirando

El universo conspira
la brisa suave murmura
y un poema de ternura

en el aire se respira
tal vez la idea delira
cuando conservarlo ansío
y el pincel del verso mío
loca hechura del paisaje
le regala un homenaje
entre la yerba escondío

Cada minuto una letra
cada letra un silabario
cada sílaba un rosario
y el milagro se perpetra
cuando un destello penetra
sus hilos de filigrana
mientras la penumbra hilvana
con cien mantos cristalinos
y en su concierto de trinos
sale la alegre mañana

Más luego de trasnochar
la penumbra es despedida
y tras el monte se anida
para irse a descansar
sabe que habrá de soñar
con las flores y el rocío
con el fruto del plantío
con la aldea recostada
y al llegar la madrugada
la luna escapa del río

Una pupila mojada
tal vez rocío o sudor
o una esperanza de amor

al espíritu tatuada
la noche ya de pasada
el nuevo día se fragua
la nube pone su enagua
en la falda del paisaje
la luna se fue de viaje
y el toro se mete al agua

Cuando al cruzar la maleza
tamborilea en sus pasos
la charca rompe en pedazos
mientras la alborada empieza
el paisaje se adereza
del trueno alto y bravío
que el torito en su mugío
lanza en el eco del viento
la luna del desaliento
embiste al ver que se ha ío.

PORQUE ESTABA EN MI BANDERA

Jugando tras mi ventana
una linda estrella vi
envuelta en moriviví
cundeamores y guajanas
eran su himno mis nanas
de coquies y enredadera
para que más linda fuera
la recogí desde el suelo
porque no estaba en el cielo

porque estaba en mi bandera.

Era un sol de primavera
abierto a la flor del día
y entre las rocas corría
la cascada lisonjera
la lumbre tibia en la esfera
cien trinos en la mañana
la canción que se desgrana
cuando algo ha de florecer
cerca del amanecer
jugando tras mi ventana

Estaba naciendo el día
cuando al mundo me asomé
y en vez de llorar, canté
balbuceos de alegría
el mes de mayo corría
un dieciocho nací
de vez en cuando el coquí
nos regalaba su canto
y envuelto en el tibio manto
una linda estrella vi

No sabría precisar
si aquel manto de tibieza
era el grito con que empieza
una madre al alumbrar
tal vez aprendí a gritar
cuando los ojos abrí
y aquel regazo sentí
de la más humilde nana
al nacer de la mañana

envuelta en moriviví

Era la casa un pajar
con su piso a flor de tierra
en el camino a la sierra
muy lejos del ancho mar
la desnudez fue el ajuar
el pitirre canto y nana
bajo el cielo que desgrana
el pájaro que alto sube
y aquel brillo tras la nube
cundeamores y guajanas

El color de la amapola
ofreció un pétalo al viento
y bailó en el sentimiento
que vibraba en su corola
el vaivén de una cabriola
movió sus alas livianas
del pajarillo con ganas
de lanzar al día su canto
así envuelto en aquel manto
eran su himno mis nanas

Era precioso el altar
aun en su desnudez
cuando por primera vez
se oyó aquel ave cantar
junto al viento pronunciar
en su consigna primera
y aquel corazón sintiera
las notas del pentagrama
que entre sus notas te llama

de coquíes y enredadera

De amapola y cundeamor
junto a la nube y el cielo
dieron color a aquel velo
de grito, ala y clamor
y fue tan tibio el calor
que el momento resumiera
en el viaje de la esfera
donde la patria se anida
y así pintaban la vida
para que más linda fuera

Esa primera inocencia
con que nos cubre el amor
solo nos deja el sabor
del paraíso y su esencia
si algún día la creencia
de la utopía es señuelo
con ganas de alzar el vuelo
hacia el arco de la vida
la fuerza que en mi alma anida
la recogí desde el suelo

Si sabía, no lo sé
lo que espera en el camino
lo que depara el destino
tal vez lo explique la fe
eso nunca lo sabré
cómo es que nace el desvelo
para alcanzar un anhelo
que te da razón de ser
mi adentro tuve que ver

porque no estaba en el cielo

Tal vez aprendí el color
del cielo, amapola y nube
del verde donde se sube
el canto del ruiseñor
del fruto del cundeamor
que ante mis ojos se abriera
en cualquier lugar que fuera
el color que habría de estar
no lo tuve que inventar
porque estaba en mi bandera

Cuando al campo me asomé
un tibio rayo de sol
hizo del alba un crisol
con el olor a café
no sé mucho, pero sé
que me aprendí esa mañana
la campiña borincana
y su espectro de colores
con mis hermanos mayores
jugando tras mi ventana

Luego aprendí a caminar
por los lindes del batey
y en la espiga del maguey
puse mi alma a flotar
un verso quise inventar
envuelto en un frenesí
tanta inspiración sentí
desde el fondo de mi aliento
que en la consigna del viento

una linda estrella vi

Era blanca y al brillar
un arcoíris pintaba
que el aljibe retrataba
para poderlo alcanzar
llevaba el aire al pasar
el canto del colibrí
en tal fantasía viví
rutas de amapola y nube
por donde la estrella sube
envuelta en moriviví

Era la brisa una esencia
que entre el café y el jengibre
hilvanaba un verso libre
al fondo de la conciencia
la magia de su presencia
desde aquella edad temprana
de mi tierra borincana
resume en el verso mío
su arcoíris y rocío,
cundeamores y guajana

De un pitirre el picoteo
sobre el ave de rapiña
completaban la campiña
que al tender los ojos veo
y al filo de mi deseo
su metáfora desgrana
pues de su garganta emana
sutil tonada risueña
y al decir La Borinqueña

eran su himno mis nanas

Retozo de estrella sola
que la conciencia nos salva
cuando en la punta del alba
raya el cielo en sus cabriolas
vaivén de mi banderola
desde las horas primeras
se resume en las quimeras
que atesora el pueblo mío
en las nanas del rocío
de coquíes y enredaderas

Ya la colgué entre la rima
que pinta este verso libre
para que en mi pueblo vibre
si así al futuro se arrima
el día que se redima
será lumbre en la trinchera
será parte de esta esfera
que habita la humanidad
y gritaría libertad
para que más linda fuera

Para ponerla en la frente
del pueblo donde camino
en el altar del destino
tendrá un rezo diferente
con la lucha de la gente
en la punta del desvelo
y para alcanzar su anhelo
resumido en ideario
junto al pueblo solidario

la recogí desde el suelo

Un día la encarcelaron
los esbirros del imperio
con la ley del improperio
que con saña se inventaron
en su mordaza intentaron
sumirla en el desconsuelo
pero con vibrante anhelo
cuya consigna se escucha
se levantó a flor de lucha
porque no estaba en el cielo

Esa estrella es la consigna
que se repite en la historia
para llenarla de gloria
por una vida más digna
es el altar que se asigna
al futuro que la espera
porque es la única manera
de ponerla en su lugar
cuando sola ha de flotar
porque estaba en mi bandera

William Pérez Vega.

Nació en Comerío, Puerto Rico. Trabajador incansable, educador, escritor, compositor, militante de luchas ambientales, sindicales, políticas, comunales, por la paz de Vieques donde participó en algunos de los campamentos, la excarcelación de nuestras prisioneras y prisioneros políticos, por los derechos de la mujer y de todo aquello que constituya un reclamo de los marginados y marginadas de siempre. Maestro de escuela pública durante 34 años destacándose como dirigente magisterial a nivel local, regional y nacional. Fundador junto a otros de organizaciones como el Centro Cultural de Comerío, la Escuela de Bellas Artes de Comerío y el Festival Jíbaro Comerieño. Organizador junto a otros de la Cumbre Ambiental de la Montaña y de numerosas actividades en defensa de los derechos de la clase trabajadora. Defensor de la escuela pública y del derecho a la educación. Actualmente dirige Poetas en Marcha. Aparece publicado en numerosas antologías nacionales e internacionales. Parte de sus trabajos han sido traducidos a varios idiomas. Algunas de sus creaciones están musicalizadas en varias producciones discográficas por artistas como Andrés Jiménez y Américo Boschetti. Ha representado a Puerto Rico en varios festivales internacionales. Su poesía hace énfasis en las luchas sociales. Además de poesía, escribe monólogos, ensayos y cuentos. Sus consignas han animado las principales luchas sociales del país durante varias décadas. Poeta militante y militante poeta.

Libros publicados por el autor
1. Versos cotidianos, 1987
2. Por eso es el grito, 1988
3. Arcoíris, 1990
4. Jardín de versos, 1997
5. Manantial de versos, 2000
6. Lecciones y versos, 2001
7. Primero por la patria, 2001
8. Nanas y versos, 2002
9. Primero borincano, 2002
10. Canción para ti, 2004
11. La muerte de los dioses, 2007
12. Trazos y versos, 2007
13. Mi cantar se hace lección, 2008
14. Recital de lecciones, 2009
15. Areito, 2010
16. Pétalos de la patria, 2011
17. África vive en mi jardín, 2012
18. Piratas en un barco de papel, 2013
19. Julia, a flor de pueblo, 2014
20. Sueños, 2016
21. Poemas de café y jengibre, 2017
22. Se hace verso al andar, 2019
23. Poesía para mis nietas, 2020
24. Poesía de guerra y paz, 2022, 2023
25. Mi verso es una canción, 2022
26. Credos, 2022

27. Romances de amor y lucha, 2023
28. Las alas del encierro, 2023
29. Glosas (decimario), 2024

LA C(A)SA EDITORA
de Puerto Rico

Algunos títulos publicados:

El hombre del tiempo ángel m. agosto
Lustro de gloria ángel m. agosto
Intrigas desesperadas ángel m. agosto
Rutina rota ángel m. agosto
5 ensayos para épocas de revolución ángel m. agosto
Voces de bronce ángel m. agosto
Horror blanco ángel m. agosto
Relatos por voces diversas Cómplices en la palabra
Déjame decirte algo Cómplices en la palabra
En los límites Evaluz Rivera Hance
Lo que dice el corazón Evaluz Rivera Hance
Transversándome José Enrique García Oquendo
Emociones, versos y narrativa Grupo Cultural La Ceiba
El proceso político en Puerto Rico ángel m. agosto
ANA, auténtica forjadora de valor Ana Rivera
Angustia de amar Ana Rivera
Sindicalismo en tiempos borrascosos Radamés Acosta
Desde la sombra la luz William Morales Correa
Tinto de verano Anamín Santiago
Caroba Juan de Matta García
La brújula de los pájaros José Ernesto Delgado Carrasquillo
Esperaré en mi país invisible Mariela Cruz
Mancha de plátano Mariela Cruz
Loíza, desde El Ancón a tu Corazón Madreselvas de Puerto Rico
Los molinos de doña Elvira Luccia Reverón
Día nacional de la viudez Anamín Santiago
Un vistazo a la tierra de los mil dioses Armando Casas Macías
Oscar hecho en poesía Poetas en Marcha
Soy un millar de vientos ángel m. agosto
25 de julio Roberto Tirado
En mi vientre oscuro Anamín Santiago
Del MPI al PSP, el eslabón pedido ángel m. agosto
Teatro oculto en "La Sataniada" de Alejandro Tapia y Rivera Anamín Santiago
Años de fuego, periodismo de combate (1971-76) ángel m. agosto
Abuela Itzé Norma Medina Carrillo
La madre asesina Yván Silén
Me quedo con las mujeres Juan González-Bonilla
Juan Mari Brás: ¿el estratega de la independencia?
¿El socialismo una consigna? ángel m. agosto
¡Cinco van....! ángel m. agosto
Cuchirrican Violeta Louk

Lo que nos dejó el camino Francheska Lebrón
La locura de Parsifae Yván Silén
La madre asesina Yván Silén
Omega Yván Silén
Tocando fondo con mis alas Ilsa López Vallés
Queda el alma Ana Rivera
Paz en la guerra Loda. Aleida Centeno Rodríguez
Ese soy yo Christian Santiago
El Parakleto Yván Silén
La ruta de la muerte ángel m. agosto (editor)
Actas de la Comisión Política del Comité Central del PSP A. Agosto, G. Díaz, G. Morejón (editores)
Popurrí de sentimientos Elizabeth Laracuente
Poesía de guerra William Pérez Vega
El movimiento obrero en una economía de enclave ángel m. agosto

Made in the USA
Columbia, SC
16 December 2024

48206969R00152